宇野弘恵の 道徳授業づくり

生き方を考える！
心に響く
道徳授業

宇野弘恵 著

JN218345

明治図書

心に響く道徳授業がしたい。

これが，私を教材開発へと向かわせる原動力であると思います。上っ面を
なぞるような授業じゃなく，教師の機嫌をとるような授業じゃなく，感情が
揺さぶられたり，真剣に悩んだり考えたりする授業が，心を耕す時期の子ど
もたちに必要だとも思うのです。

もう20年も前のことです。ある都市で開かれた道徳の研究会に参加しまし
た。教材名はすっかり忘れてしまいましたが，掃除をサボった子をどうする
かというような内容でした。対象は６年生。

「掃除をサボることはいいことですか？　悪いことですか？」

「掃除をサボっている友だちを見たとき，どんな気持ちになりますか？」

「掃除をサボり続けていると，どんな大人になりそうですか？」

「掃除をサボっている人は，どうしたらいいでしょう」

こんな発問で埋め尽くされていました。公開研究会ということもあり，子
どもたちはたくさん発言していましたが，中身は正論ばかり。掃除をサボる
べきではない，サボる人は許せない，きっと怠け者のろくでもない大人にな
る，みんなでちゃんと注意をする……。本気で考えてもいないことをただ並
べ，できなさダメさを批判するだけの時間。いったいこの授業で，子どもの
何を喚起し，何を磨き，何を感化したのでしょうか。どんな問題意識をもた
らし，どんな驚きや喜びを感じさせたのでしょうか……。当たり前のことを
なぞるのが道徳授業ではありません。生きるとは何か，人間とは何かと問い
続けていく原動力になるのが，道徳授業なのではないでしょうか。

多くの教科には前提学力が必要です。小数の割り算を解くには，小数や割
り算に関する学力がなくてはできません。九九を覚えていること，「割る」
という概念を理解することなしに，いきなり小数の割り算が習得できるわけ
がありません。リコーダーの指使いを知らなければ「エーデルワイス」も

「パフ」も演奏することはできませんし，スムーズに弧を描いて縄を回せなければ前まわし跳びはできません。対して道徳は，積み上げてきた知識や生活経験や個人の感性などをもとに，思考したり判断したりすることができます。人に親切にされた経験があれば，それをもとに「親切とは何か」を考えることができます。友だちとの諍いはよりよい関係づくりの生きた教材となりえます。道徳は他の教科よりも，どの子も学習の土俵に上がることができる可能性を秘めた教科といえるでしょう。

　だからといって，材に魅力がなかったり授業構成が単調だったりしては，いくら前提学力が必要ないとしても，子どもたちは授業の入り口の戸を開けてはくれません。戸の前に立ってさえくれないかもしれません。あるいは，せっかく入ってきたのに途中で出ていってしまうかもしれません。ゴールに向かって最後まで歩き続けてもらうためには，様々な工夫や配慮が必要なのです。これは，前提学力が必要ないからこその難しさともいえます。

　「割り算ができないのは，かけ算の理解でつまずいているからだな」のように，積み上がった学力はどの段階で抜け落ちたかを分析することが可能です。しかし，「ありがとうを言えないのはありがとうと言われたことがないからだな」のように，積み上がったものが個人の生活経験だけに限定される道徳は，分析のしようがありません。よって，子どもの思考に沿って授業を展開しなくては，子どもたちはどんどん授業から離れていってしまうのです。

　私は道徳の専門家ではありません。何十年も道徳を研究した過去もありません。ですから，道徳というものを専門的見地から論じることはできません。しかし，これまで出合った優れた実践や実践者からの学びをもとに，どうすれば子どもたちの思考に沿った授業ができるか，どうすれば子どもの心に響く道徳授業ができるかを考え実践してきました。本書では，その実践と授業づくりのプロセスをまとめました。この本が，道徳授業づくりをする方の何かに触れることができたなら，こんなに嬉しいことはありません。

 宇野　弘恵

Contents

まえがき ——————— 2

1 道徳授業と向き合う

1 道徳授業観を問う
1 なぜ道徳授業をするのか ——————— 8
2 道徳授業をする価値は何か ——————— 8
3 道徳授業は個や集団に何をもたらすか ——————— 10

2 中身のある道徳授業をする
1 価値項目の中身を問う ——————— 11
2 中身は自分で考える ——————— 12

3 必要感のある道徳授業をする
1 低学年時に必要な授業とは ——————— 13
2 中学年以降に必要な授業とは ——————— 13
3 どんな授業が必要か ——————— 14
4 どんな手立てが必要か ——————— 15
5 どんな授業ができるか ——————— 17

4 心に響く道徳授業をする
♥ジョリー（D・よりよく生きる喜び） ——————— 18

2 自分のテーマをもつ

1 こだわり，問題意識をテーマにする
1 テーマをもつ強みとは ——————— 28
2 自分のこだわり，問題意識を知る ——————— 29

2 テーマの価値を整理する
1 自分自身の生き方から考える ——————— 30

❷ 子どもたちの姿から考える ——————————31

3　テーマを具現化した授業

女性の生き方の授業

♥自分との約束（A・希望と勇気，努力と強い意志）——————32

♥自分の顔が好きですか（D・よりよく生きる喜び）——————38

子どもの問題を子どもの問題とした授業

♥わたし，傷ついているんですけど（B・相互理解，寛容）——————42

♥なかよしということ（C・よりよい学校生活，集団生活の充実）——————47

大人の問題を子どもの問題とした授業

♥マリ（D・生命の尊さ）——————52

♥誰が一番おかしいの？（C・公正，公平，社会主義）——————59

3　材を教材にする

1　材を探す

❶ テーマが材を呼ぶ ——————66

❷ 気になったら立ち止まる ——————66

❸ 材はどこにあるか ——————67

2　材を蓄積する

❶ とにかく取っておく ——————72

❷ 必要最小限の手間をかける ——————72

❸ 保存先を決めておく ——————72

3　材を解釈する

❶ 材の核を探す ——————73

❷ 材の実力を見極める ——————74

4　シングル型授業

♥花さき山（D・感動，畏敬の念）——————76

♥そんなつもりじゃなかったのに（B・相互理解，寛容）——————81

5　コンビプレー型授業

♥花さき山（D・感動，畏敬の念）——————88

6　サポート型授業

♥エルフィー（D・生命の尊さ）——————95

♥おふくろの味（B・感謝）——————99

7　シャドウ型授業

♥いのちのつかいかた（D・生命の尊さ）——————105

♥漂流郵便局（A・善悪の判断，自律，自由と責任）——————110

🍀4　授業をつくる

1　授業はゴールからつくる

❶授業はゴールからつくる——————118

❷ゴールとは何か——————119

❸ゴールからつくる価値は何か——————120

2　次は入り口をつくる

❶入り口はフレームをつくる——————121

❷入口は心理的距離を近づける——————122

3　通り道を決める

❶どの道を選ぶか決める——————123

❷交通手段を決める——————123

4　授業づくり手順の解説

♥クイール（D・よりよく生きる喜び）——————124

参考文献・資料 ——————137

あとがき ——————142

1

道徳授業と向き合う

— 1 道徳授業観を問う

1 なぜ道徳授業をするのか

　「特別の教科」道徳が始まりました。教科ではなかったとはいえ，道徳の授業はこれまでずっと実施されてきたはずです。にもかかわらず，現場では，どう授業をすればよいか，どう評価をすればよいか苦慮する場面も多々見られます。時に，授業を行うことや評価すること自体が目的化されているようにさえ見えることもあります。

　授業はどんなときでも子どもに向かっているべきであり，子どもをいかに育てるかに目が向いていなくてはならないはずです。そうならないのは「なぜ，道徳の授業を行うか」から目が逸れているからではないでしょうか。

　どんな施策についてもいえることですが，「文科が決めたことだから」「することになっているから」が，「なぜ行うか」の答えではありません。私たちは教員ですから国で決まったことに則って仕事をするのは当然です。だからといって決まっているからする，下りてきたからするのではなく，決まったものや下りてきたものを行う価値はどこにあるのかを，ちゃんと自分の頭で考えなくてはならないと思うのです。教師が自ら考えることを放棄して教壇に立つことは，流れてきたものに身を任せる，自分のフィルターを通さず決める，そんな刹那的で無責任な子どもたちを育てることと同じではないかと思うのです。

2 道徳授業をする価値は何か

　道徳は，人としての正しさを教えるものではないと考えています。抽象的思考が未発達な10歳くらいまでは，社会で生きていくために必要な一般通念を教える必要はあるでしょう。それが「基礎」「土台」となり，その子の善

悪の判断基準となるからです。

　しかし，実際の社会は正しさだけで成り立っているわけではありません。悪とわかっていてもしてしまうこと，逃れられずに負のスパイラルに巻き込まれてしまうこと……，意志が弱かったり，自分ではどうすることもできなかったりといったことで溢れています。

　私たち大人も，その時々の小さな選択を経て「今」を生きています。人生の中には大きな決断を要する選択をしなくてはならないときもありますが，多くの場合は瞬時に，あるいは無意識に小さな選択をしながら人生を積み上げています。すべてにおいて正しいなどということはありません。その時々の感情や社会や他人との関係性，様々なものが複雑に絡み合った中で「今」を選択して生きています。

　何をどのように選択するのか，選択したものにどう責任をもち折り合いをつけるかは，たとえ無意識であっても「その人の基盤」に基づいてなされていると考えます。「その人の基盤」……。それを積み上げるのが，道徳であると私は考えています。

　自分の人生は，自分が歩むしかありません。誰かが幸せを運んできてくれるわけではありませんし，悲しみや不幸を取り除いてくれるわけでもありません。そもそも「幸せ」とは人が規定するものではなく，「これが幸せだ」と思えるものを自分で見つけるのが人生です。

　同様に，他人から同情されるような不幸に見舞われたとしても，それを咀嚼し受け入れて生きていくのは自分にしかできないことです。何をもって「幸せ」とするのか，そこに向かうには何をどうとらえどう取り入れていくか，それができるのは自分だけであり，それこそが「生きる」ということなのではないでしょうか。

　私は，道徳とは，「唯一無二の自分の人生をいかに生きるか」を考える時間であるととらえています。正しいことを知ろう，正しいことができるようになろうと教えるのではなく，「清濁併せもった自分という人間が，自分として，自分の人生をいかに生きるか」を考え続けられるようにするのが，道

徳の時間であると思います。

　人生を豊かに生きるには，本気になって自分の感性や思考を問うてみる，自分の問題意識を問うてみる，そんな時間が必要ではないでしょうか。

　道徳授業はそれが問える時間です。自分を見つめ，自分をつくることができる時間です。上っ面の決まりきった価値をなぞるのではなく，人生の根源となる何かをつくるきっかけになる，そんな授業がしたいと考えています。

3　道徳授業は個や集団に何をもたらすか

　道徳は個の内面と向き合い変容を試みる教科です。個に返すという点においてはどの教科も同じですが，その中身は少し違うと思っています。

　例えば，「個性」を考える授業。個性とは何か，自分の個性とは何かについて考えるでしょう。例えば，「公平」の授業。何が公平で，どうすれば公平になるかについて考えるでしょう。前者は自分の問題として，後者は社会の問題として考えます。しかし，どちらも「自分だけ」「社会だけ」の価値で考え続けられるものではありません。自分の個性は他者からどう見えるか，社会ではどう存在するかということなしに考えることはできませんし，公平かどうかは個々の価値観の上に判断されるものです。こう考えると，道徳は，常に自分を軸に置き，他者や社会などと往還させながら考える教科といえるのではないでしょうか。

　社会は，自分と他者（自分以外のものすべて）との関係性で成り立っています。個だけを追求すれば個人主義，利己主義に，集団だけを尊重すれば全体主義，利他主義に偏りかねません。自他ともに尊重し合えるインクルーシブな世の中の形成のためには，個を通して集団を考えることや，集団の中で個を考える経験は大変意義深いことだと思います。

― 2 中身のある道徳授業をする

1 価値項目の中身を問う

　学習指導要領には22の内容項目が示されています。自分，他人，社会，生命……，と生きるために必要と思われる項目が並んでいます。お読みになっておわかりかと思いますが，記述されていることは崇高で理想的ではありますが，抽象的です。A・主として自分自身に関することの「正直，誠実」を例にとってみましょう。

> 〔1，2年生〕
> うそをついたりごまかしをしたりしないで，素直に伸び伸びと生活すること。
> 〔3，4年生〕
> 過ちは素直に改め，正直に明るい心で生活すること。
> 〔5，6年生〕
> 誠実に，明るい心で生活すること。

　整理すると，小学校段階では，嘘をつかず，素直に伸び伸びと，明るく誠実に生活できるようになることが求められていることがわかります。でも，その中身を本当に理解しているといえるのでしょうか。いったいどんな姿や様子を指し，どういう場面でどのように求められているのでしょうか。

・どんな嘘も絶対につかない方がよいのか。
・嘘をつかないようにすることは可能なのか。
・「嘘」と「ごまかし」はどう違うのか。
・素直とはどんな様子か。
・素直でさえあればよいのか。そもそもいつでも誰にでも素直であることが

求められるのか。それは可能か。

・伸び伸びと生活すれば，わがままで自分勝手でもよいのか。

・明るい心とは何か。

・明るくあるべきなのはなぜか。暗い人はダメなのか。

・誠実とは何か。辞書には，まじめで真心がこもっている，またその気質とあるが，具体的にどんな姿を指すのか。

・誰に対して誠実であるべきなのか。

・一方に誠実を尽せば，一方に不誠実になってしまうことはないのか。

　ざっと考えただけでも，「素直」「明るい心」「誠実」などに対してたくさんの疑問が湧いてきます。つまり，言葉や文章の意味が理解できても，それを指す中身がなければ，「誠実に生きなさい」「嘘ついちゃダメよ」といった「そんなの言われなくても知ってるよ」というお説教になってしまいます。そのような授業に主体性や対話は生まれるのでしょうか。多面的・多角的な見方から深い学びを得ることはできるのでしょうか。

2 中身は自分で考える

　誠実さも素直さも，その大切さはその時々の状況や関係性の中で変化します。自分に対して誠実であれば人を欺くこともありますし，素直であるがゆえに他者を傷つけることもあります。

　例えば，余命わずかな子どもに

「ぼく，もう死ぬのかな」

と問われたら，本当のことが言えるでしょうか。——ここは事実を隠し安心させるべきか？　いや，本当のことを告げ，残りの人生を悔いなく生かすべきか……？——と悩むのではないでしょうか。生きていればこうした局面に多々出合うでしょう。嘘をつくかつかないかという，現象をどうするのかではなく，この場面では，どちらに誠実であるべきなのかを考え決断できるようになることこそが，道徳授業に求められていることだと考えます。

― 3　必要感のある道徳授業をする

1　低学年時に必要な授業とは

　前項でも少し述べたように，善悪の基準を明示することは大事です。嘘を
ついてはいけない，人を叩いてはいけない，廊下を走ってはいけないという
善悪の基準を知らなければ，円滑な社会生活を営むことはできません。です
から，社会生活の基礎となることを低学年のうちに教えることは，道徳授業
の一つの役割ともいえるでしょう。こう考えると，低学年時の道徳授業の多
くが，善悪の基準を示したり道徳的な価値を教えたりするものであることに
も納得がいきます。

　また，低学年は素直でピュアな感性を大事にしたい時期でもあります。よ
いものはよい，悪いものは悪いという価値にどっぷり浸らせ，美しいものや
尊いものを理屈ではなく感じ取ること，快・不快，喜怒哀楽などの感情を味
わうことで豊かな感性を磨くことが必要と思います。そういった意味でも，
五感を使った体験的な活動も取り入れたいものです。

2　中学年以降に必要な授業とは

　しかし，「10歳の壁」という言葉に象徴されるように，小学校4年生くら
いから「子どもから大人へ」と大きくステップアップし始めます。思春期を
迎えるための身体的変化はもちろん，内面的にもぐんと大人に近づいていく
のです。

　これは，発達心理学では認知発達段階の一つであり，具体的操作から形式
的操作へのステップアップの時期であるとされています。ものすごく雑駁に
いえば，目の前にあるものでしか理解できなかった子ども時代から，奥に隠
れているもの，あるいは，見えないものや抽象的な概念を理解できるように

なります。思考が「単純から複雑」に，「一面的から多面的」に移行し，これまで素直に受け入れていたものにも疑問をもつようになります。

「嘘をついてはいけないっていうけど，なんでも本当のことを言えばいいの？」

「大人だって嘘をつくじゃないか。子どもにだけ嘘をつくなだなんて間違っている！」

など，生意気ともいえる発言が見られるのもそのせい。世の中には矛盾があること，真理は条件や場によって変わりうることなどを徐々に学んでいくのです。

よって，善悪を一面的に教えたり気づかせたりするだけの道徳授業では，子どもは

「先生は，また，きれいごとばかり並べて……」

と思い，大人や社会に不信感や反抗心を募らせていくようになります。その結果，その子らしいまなざしで事物や人を見るのをやめてしまうかもしれません。

3 どんな授業が必要か

道徳科の目標に「多面的・多角的に考え」とあります。多面的とは「いろいろな方面にわたっているさま」，多角的とは「多くの方面にわたっているさま」を指します。言葉だけで見ると，この2つの言葉の意味に大きな差はないように見えます。

多面的に考えるとは，主体者が見ているのは一面であるゆえ，立ち位置を変えて対象を見るとい

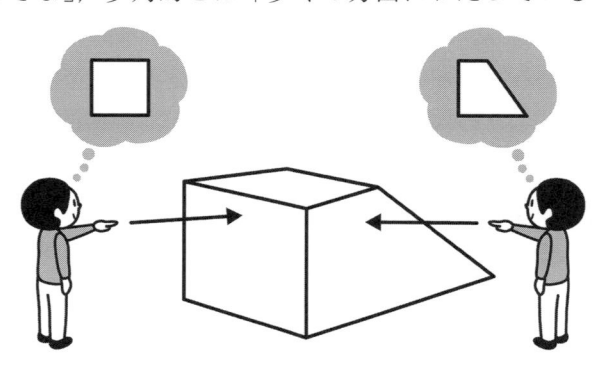

うことです。例えば正方形に見えていたものが，裏に廻って見てみると台形だったということを指します。

対して多角的に考えるとは，主体者が様々な視点に立って観察，思考することです。豆腐は，「栄養素」という視点で見ればたんぱく質の塊ととらえられるし，「形」という視点で見れば四角形ととらえることができます。

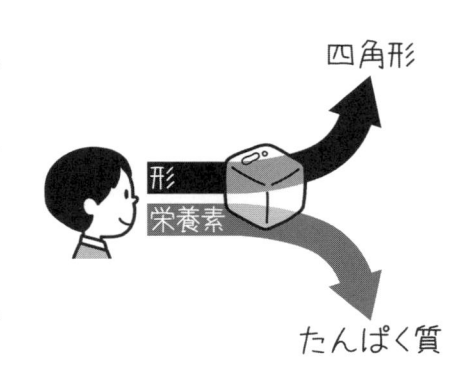

「多面的・多角的」と表記してありますから，多面的に見ることが多角的な視点を与え，多角的な視点で見ることで新たな多面性に気づけるという構造であるということでしょう。「多面的・多角的に考える」とは，物事を視点や立ち位置を変えて見続けることによって思考や議論を深め，道徳的価値の深い理解へとつなげることであると理解しています。思考が複雑化，抽象化，多面化する4年生以降では，この視点を意識した授業が必要だろうと考えます。

指導要領の目標にある文言ですので，4年生以上に限ってのことではありません。もちろん低学年にも多面的・多角的に考えさせる授業は必要です。しかし，先に述べた中学年以降の発達に鑑みると，未知が既知になるだけではなく，既知が未知になったり，未知が未知のまま残ったりする学習経験も必要なのではないでしょうか。

4 どんな手立てが必要か

では，多面的・多角的な思考を喚起するためには，どんなことを意識して授業づくりを行えばよいのでしょうか。多面的・多角的思考を促す条件を次の4つに分類し，整理してみました。

○題材と学習者を近づけること

　題材と学習者が遠ければ意欲が喚起されないばかりか,「他岸の火事」的な無責任な態度を育てることにもつながります。よって,「自分ごと」「当事者意識をもたせる」という意味でも, 題材と学習者の心理的距離を近づけることが必須です。これは, 多面的・多角的に思考する以前の意欲喚起, 環境整備ともいえるでしょう。

> 　題材に対する予備知識を与える, 事前学習を綿密に行う, 活動的説明を繰り返す, 身近な題材を扱う, 身近な問題に転化する, 経験から考えさせる　など

○考えることの必然性を与えること

　「考える」こと自体の必然というよりも,「考えてみたくなる状況」をつくることが肝要です。「題材と学習者を近づけること」が物理的アプローチとするなら, こちらは思考的なアプローチ。「正しいと思う順にランキングせよ」「命よりも大切なのは（　　）である」などのように課題への動機づけを行うことで, 学習者をスタートラインに立たせることができます。

> 　思考を限定化する, 条件を提示する, 空欄を考えさせる　など

○課題に矛盾があること

　「Aに正直になれば, Bに嘘をつかねばならない。しかし, Bに正直になったとしても, 今度はAに嘘をつくことになる。どうすべきか」
などという問いに唯一無二の正答はありません。よって学習者は, 示された条件設定の中で, それぞれが考えをもつでしょう。選択した結論は同じでも, 理由はばらばら。そうなれば,「なぜ, 他者はそう考えたのか」ということ

に意識が向き，対話が生まれます。

　矛盾を考えることは，自分と他者に生まれる「なぜ」を往還しながら問題意識を深めたり問題解決的思考を促したりすることにつながります。

> 　どの意見も成立する，どちらにも「おかしい」がある，別資料である，自分の常識とは違う考えがある，既知が未知になった，Ａ＝Ｂ＝Ｃなのに C ≠ A となる，正誤だけでは判断できない　など

○根拠をもたせ，明確にすること

　前述したように，道徳は積み上げてきた知識や生活経験や個人の感性をもとに考え進めることの可能な教科です。しかし，実は「なんとなく」といった勘だけでも問いに答えることができる面もあり，そうした場合，場当たり的で浅い思考しか喚起することができません。

　なぜそう思ったかという根拠が明確でなければ，深い学びにはつながりません。よって，知識や経験に基づいた思考ができるような問いを準備するとともに，思考の変容や他者との相違が視覚的にわかる手立てが必要です。

> 　他者との比較，類似点や相違点の洗い出し，意見の変容やばらつきの視覚化　など

5　どんな授業ができるか

　上記のことは，エッセンスであって，授業そのものの姿ではありません。授業者が本気で伝えたい材を教材として開発し，適切な教材解釈を施してこそ成立するものです。授業者の思いが授業として具現化できたとき，学習者が真剣に考えてみたいと思う，心に響く道徳授業ができると思っています。

── 4 心に響く道徳授業をする

私がつくった「ジョリー」という授業があります。まずは，この授業を簡単に紹介します。

ジョリー

D　主として生命や自然, 崇高なものとの関わりに関すること【よりよく生きる喜び】

使用する資料・教材

• 盲導犬になれなかった犬たちの資料

授業展開

導入 ……………………………………………………………………………

「これは，ある専門的な仕事に就くための学校です。どんなことを学ぶ学校だと思いますか」

と言って，盲導犬の訓練施設の外観の画像を示します。大きな建物，広い敷地という特徴がありますが，外観の画像だけでは何の学校かわかりません。そこで，次に訓練施設内部の画像を示していきます。最初は，公的な施設であればありそうなラウンジや体育館などを示し，次第に点字ブロックがある長い廊下や訓練施設，犬のお墓など特殊なものを示していきます。簡単にやりとりをした後，この施設は犬たちが盲導犬になるために勉強（訓練）する学校（施設）であることを知らせます。

この時点で，多くの子どもたちは「今日は盲導犬について学習するんだな」と予想します。

❶　盲導犬の訓練施設にはどんな犬たちがいるかを問います。大多数の子は盲導犬についての知識が少ないと思われるため，「賢い犬」「お利口な犬」という前提での発言が予想されます。

　　そこでまず，どんな犬種が盲導犬になるのかなどについて説明します。

●盲導犬にラブラドール・レトリバーが選ばれる理由
　・人の言うことをよく聞き，人懐こい性格である。また，落ち着きがあり仕事が好きで，環境の変化にも慣れやすい。
　・人と同じ速度で歩き，人を誘導するのにちょうどいい大きさである。
●盲導犬の多くは，両親が盲導犬。
●生後２か月の頃に，パピーウォーカーに預けられる。人の愛情にしっかり触れることで人間との信頼関係を深め，家庭や人間社会の中で生活する喜びや楽しみを深く経験する。決まった時間に食べたり，排せつしたりすることもしつけられる。
●１歳になる頃，訓練施設に行く。訓練期間は半年から１年ほど。いくつかのテストを受けながら訓練を進める。施設での訓練は以下の通り。
　・基本的な命令に従う訓練
　　（人間の左側につく，座る，伏せ，待つ，来るなど）
　・目が見えない人を誘導するのに必要な訓練
　　（交差点で止まる，障害物を避ける，段差の誘導，物を拾って渡すなど）
　・市街地で歩く訓練
　　（指示に従って歩く，安全なところを選んで歩く，危険を避けるなど）
　・「待て」と言われたら「いいよ」と言われるまでじっと待つことも，危険を察知したら命令に従わないことも，どんなときでも冷静に働くことも，訓練の中で学ぶ。

・すべては，目が見えない人の命を守るために必要な訓練。

●こうした訓練をしながら，いくつものテストに合格した犬だけが盲導
　犬として働くことができる。テストの合格率は約３割。訓練を受けた
　10頭のうち３頭くらいしか盲導犬にはなれない。

　これらを，画像や資料を交えたPPTで提示しながら説明します。その後，さらに，

「盲導犬はどんな犬だと思いますか」

と問います。子どもたちからは，盲導犬に向いている犬種であること，血統のこと，さらには難しい訓練を経てなおかつテストに合格したエリート中のエリート，という答えが返ってきます。盲導犬になれるのは，犬の中でもごくごく一部の限られた優秀な犬だけであることを確認しておきます。

❷　「盲導犬になれなかった犬はどんな犬だと思いますか」

と問い，簡単に考えを交流させます。

　　「合格できなかったから，ちょっとダメな犬」

　　「あまり賢くない犬」

などの反応があるでしょう。それらを否定せず，資料（p.25）を配ります。

　まずは一人でじっくり読ませ，なぜ，盲導犬になれなかったのかを考えさせます。余白にメモをさせるとよいでしょう。その後，４人グループ，全体で交流します。特に結論づける必要も意見を収束する必要もありませんが，できるだけ多様な考えに触れられるような形態で交流させます。

❸　盲導犬になれなかった犬たちについてまとめた動画を見せます。これは，『盲導犬不合格物語』を参考に私が作成したものです。音楽は，映画『クイール』のサウンドトラックから「初めての誕生日〜仁井家との別れ」を使用します。

『盲導犬不合格物語』（沢田俊子／文，佐藤やゑ子／絵，講談社）

○クーパー

▶訓練施設で

のみ込みが早く，人に寄り添って誘導するのも上手。自立心旺盛で行動的。だから……。管理されるのが嫌。じっとしているのも得意じゃない。狭いゲージの中を嫌がり，うなったり吠えたり。ある日，とうとう職員の手を噛んでしまう。

▶その後

中間さんの家の飼い犬になる。クーパーは少しずつ落ち着きを取り戻し，うなったり吠えたりしなくなった。ある日の散歩のとき。クーパーが傷ついたツバメのひなを見つけた。いつまでも目を離さないクーパーに促されるように，中間さんはツバメを保護。その日から，クーパーはひなの優しいパパになった。

段ボール箱から飛び出したひなを，自分の足先に乗せて，ゆっくりゆっくり揺らすクーパー。ひなをじっと見つめるまなざしは本当のお父さんのよう。ひなの傷が治って旅立つまで，優しく世話をし続けた。

> **盲導犬になれなかったクーパーは，ダメ犬ですか？**

○ゼナ

▶訓練施設で

慎重で，危険を察知する能力にも長けているから……。怖がりで，警戒心も強い。街角に貼ってあるポスターの顔を怖がり，うなり声を上げて動かなくなる。にらまれたと思うらしい。

▶その後

盲導犬を知ってもらうためのデモンストレーション犬となり，学校や地域を回る。飼い主の高橋さんが，小学校で子どもたちに盲導犬について語っている間，ゼナは自分の出番になるまでじっと待っている。子どもたちがゼナ

の頭をなでても，顔を触ってもしっぽを引っ張っても嫌がらない。指示に忠実に従い，ほめられて嬉しそうなゼナ。

盲導犬になれなかったゼナは，ダメ犬ですか？

○ラタン

▶訓練施設で

知りたがりで人懐こいラタン。人のことが大好きだから……。人を見ると，役目を忘れてそっちに行ってしまう。

▶その後

ホテル経営者の牧野家の犬になる。当時，生きる気力を無くしていた牧野さん。ラタンが楽しそうに駆け回る姿を見るうちに，次第に元気を取り戻した。牧野さんの言動一つ一つから学ぼうとするラタンの姿に感動したのだ。

牧野さんは，自分のホテルをどこにもないホテルにしようと決心。ディナーショーでラタンとともにマジックをしようと思い立ち，特訓。牧野さんとステージに上がるラタンはいつも大人気。牧野さんもお客さんも笑顔。牧野さんの笑顔を見るラタンも，とても嬉しそう。

牧野さんは言う。ラタンがいなかったら私はいったいどうなっていたのでしょう，と。

盲導犬になれなかったラタンは，ダメ犬ですか？

○ベンジー

▶訓練施設で

しっかりしていて人間好きだから……。小さな子どもを見ると飛びつく。まるで，「ぼくの方が偉いんだよ！　遊んであげるよ！」とでもいうように。

▶その後

　さとみさんの家の犬になる。中学生だったさとみさんはいじめが原因で不登校。ベンジーの世話は，さとみさんの役目になった。毎日の散歩，食事の準備や片付け。一生懸命世話をしてくれるさとみさんに抱かれて，ベンジーはとっても幸せそう。

　ベンジーと暮らすようになり，さとみさんは盲導犬訓練士になる夢をもつ。次第に元気を取り戻し，学校に行くことを決意。

　「ベンジーがさとみの命を救ってくれました」

と，お母さん。

　　盲導犬になれなかったベンジーは，ダメ犬ですか？

○オレンジ

▶訓練施設で

　穏やかでおとなしいから……。初めてのところに行くと，物怖じして先に進めない。

▶その後

　手足を動かせない，車いすの大学生の介助犬となる。大学生のそばについて歩いたり，物を取ったり拾ったり。大学生の手の代わりとして働くオレンジ。お手伝いできるのが嬉しくてたまらない様子のオレンジ。オレンジがいつもそばにいることが，大学生にとって大きな心の支えになっている。

　　盲導犬になれなかったオレンジは，ダメ犬ですか？

○ジョリー

▶訓練施設で

音に敏感だから……。大きな音が聞こえてくると，怖がって前に進めない。

▶その後

訓練施設に行く前のパピーウォーカー，昌彦とトモカの家に戻る。二人とも，ジョリーが盲導犬になれなくてかわいそうだと思った。でも，ジョリーはこれから盲導犬候補になるかもしれない犬を産み，お母さんになる。ジョリーには，ジョリーの生き方がある。

盲導犬になれなかったジョリーは，ダメ犬ですか？

このように，6匹ともにある盲導犬になれなかった経緯，その後の暮らしぶりなどを提示します。

そして，最後に「○○はダメ犬ですか？」と問います。

終末 ···

動画を視聴した後，再度，なぜ盲導犬になれなかったか，盲導犬になれなかった犬はダメ犬かを問います。右記のラストメッセージのほか，以下の問いのスライドを見せて感想を書かせます。

あえて交流をせず，静かに自分と向き合う時間とします。

盲導犬血統じゃない犬はダメ犬ですか？
ラブラドール以外の犬種はダメ犬ですか？
血統書が付いていない犬はダメ犬ですか？

・「優秀」とは何ですか？

・「ダメ」とは何ですか？

・「優秀」とか「ダメ」とか，いったい，誰が決めているのですか？

どうして盲導犬になれなかったのでしょう？

クーパー
のみ込みが早く、人に寄り添って誘導するのも上手。
自立心旺盛（おうせい）で行動的。

ゼナ
物覚えが早く、正確に行動できる。指示に忠実に従う。慎重で、危険を察知する能力にも長けている。

ラタン
好奇心旺盛。人なつっこい。人と遊んだり、行動を共にしたりするのが大好き。運動神経抜群。

ベンジー
しっかりしていて、行動力がある。人間と一緒に行動することが大好き。指示にもしっかり従える。

オレンジ
穏やかで、おとなしい。人間の指示をよく聞き、教えたことを正しく覚える。

ジョリー
人なつっこく、物覚えがいい。おとなしく、人に吠えたり飛びかかったりしない。音に敏感（びんかん）で、注意深く聞き取って行動する。

盲導犬に求められる資質

・自己抑制能力
　興味があるものに出会っても、興奮して暴れたりすぐに吠えたりせず、我慢することができる。いつでも自分の役割を最優先し、場に応じた振る舞いができる。

・環境順応力・適応力
　初めての場所でも慌てたり怖がったりせず、落ち着いて行動できる。パートナーに従順である一方、危険を察知したらパートナーの指示に従わないといったことも大切な資質。

・積極的、好奇心
　パートナーと行動を共にすることを喜びとし、盲導犬としての仕事を楽しむことができる。

授業について
―「ジョリー」―

「勉強ができるから優秀」

「運動が苦手だからダメなやつ」

「あそこのお子さん，医大に進学だって。すごいわねぇ」

　子どもに限らず，大人も学歴や職業，家柄や経済状況などの一面で，人間の優劣を決めてはいないでしょうか。他人のみならず，自分の価値もたった一面だけで決めつけてはいないでしょうか。

　この授業は，盲導犬の在り方を通して，存在自体の「優劣」，無意識に人を選別している「優劣」という考え方や規定の仕方に一石を投じたいと願ってつくりました。外側から見える「優秀のブランド」にこだわることなく，それぞれの適性に合った生き方をするのが「よりよく生きる喜び」なのではないかと考えました。

　実際の人間をモデルにすると（例えば医師や弁護士以外は優秀か，など），様々な要因が絡み素直に考えられなくなってしまいます。安易な職業例示は，職業否定や蔑視となってしまう懸念もあります。ですから，一見自分たちからは遠い「盲導犬」というフィルターを通して，「適性に合った生き方」を考えるということを試みました。

　自分は優秀だと思っている子にも，自分はダメだと決めつけている子にも

「人間に優劣はあるのか」

「優劣とは何か」

「優劣を決めているのは自分か」

という問いが生まれてほしいと思います。そして自分らしく生きることの意味と中身を考え続け，自分だけの人生を生きてほしいと思います。この「ジョリー」という授業は，そんな思いが伝えられる授業であると自負しています。

2

自分のテーマをもつ

── 1 こだわり，問題意識をテーマにする

1 テーマをもつ強みとは

　あなたは何に問題意識をもっていますか。どんなことに，どんなこだわりがありますか。

　「いや，自分はこだわっているものなどない」

　「問題意識などない」

なんてはずはありません。小さな頃からずっと集めているものはありませんか。大好きな場所，大好きな人，大好きな食べ物……，ありますよね？　あるジャンルのニュースにはいつも見入ってしまうということはありませんか。人間関係で大切にしていること，嫌な経験をしたこと，懸念していること……，あるのではないですか？　好きなことだけでなくてもよいのです。嫌悪するもの（こと）も，それにこだわりがある証拠です。

　そのこだわりこそが「自分らしさ」であり，問題意識があるところだといえます。自分らしい授業づくり，自分にしかできない授業づくりとは，こうしたこだわり，問題意識といった自分らしさの上に成り立つのではないでしょうか。

　こだわりや問題意識を，ここでは「テーマ」と定義します。自分のテーマをもつことで，自分の意識がテーマに関する記事にフォーカスします。自ずとたくさんの題材，情報に着目することになり，テーマに関する多くの題材が集まるでしょう。もともと興味・関心が高いものなのですから，熱意をもって情報収集したり，分析したりすることができるはずです。結果，題材からたくさんの情報を得たり，多面的・多角的にテーマについて思考したりすることになります。これは，テーマについて造詣を深めるということにとどまらず，題材と題材を組み合わせたり取捨選択したりという豊かな授業づくりにつながっていきます。

2 自分のこだわり，問題意識を知る

　あなたの意識の下にあるものを詳しく丁寧に紐解いていけば，自分の嗜好，興味・関心は見えてくるはずです。自分という人間をもう一度知るつもりで，あなたが偏愛しているもの，こだわっているものを整理してみましょう。

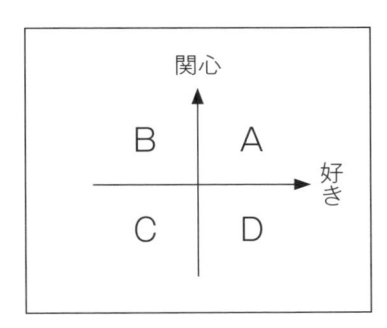

A・好きで関心も高いもの
B・嫌いだけど関心が高いもの
C・嫌いで関心も低いもの
D・好きだけど関心が低いもの

　例えば，汚職問題。汚職なんて大嫌い！　許せない，なぜ人はお金もうけの欲を抑制できないのかと思うならB。どうにもならないさ，自分とは遠いなと感じるならばC。

　例えば，卵焼き。好きだ。食べ歩きしているし，卵の産地や調理法にもこだわるのであればA。食べるのが好きなのであって，それ以上の興味はないのであればD。

　自分のテーマの対象となりうるのはAとB。「卵焼き」と狭くとらえてもよし，「食の安全」「料理人の在り方」のように観点を広げてもよし。まずは自分のこだわりを知ることから始めてみましょう。

— 2 テーマの価値を整理する

1 自分自身の生き方から考える

　私が最も関心を寄せているテーマは，女性の生き方についてです。くしくも昨年（2018年），女性の人権に関するニュースがたくさん流れました。「#MeToo」を合言葉に世界中の女性がセクハラ問題に声を上げた問題は，記憶に新しいところだと思います。また，日本では東京医科大の入試で，女性であるという理由などで得点が操作されるというニュースも流れました。

　こうした事例などから考えると，戦後男女平等が実現し年々女性の地位が向上しているといっても，実質的には，あるいは意識的にはまだまだ偏見的，差別的意識や慣例が残っているのではないかと考えます。

　これは単に男性が女性を下に見ているという構図だけではなく，女性が自分自身の生き方を狭めている側面もあるのではないでしょうか。女性だから美しくあらねばならぬ，女性だから配慮されたいといった偏った観——例えば，飲み会の席では率先して食べ物を取り分けることで女子力をアピールしたり，業務上の指導に「ヒドイ！」と言って泣いてしまったり——が，女性の生き方を狭めているのではないかと思うのです。

　また，道徳の教科書を見ればわかるのですが，「偉人」として取り上げられている女性は少数です。作者の大半も男性です。この問題点は，女性側から見える問題が問題として認知されていないかもしれないことにあります。つまり，子どもたちは常に男性側から発された問題意識のもとでしか思考できないことになり，知らず知らずのうちに偏った考え方を形成してしまっているかもしれない，という問題が見過ごされているかもしれないのです。「多面的・多角的」「自己の生き方についての考えを深める」ためには，男女双方から発した様々な問題に向き合わせることが豊かな人生観を育むのではないかと考えます。

2 子どもたちの姿から考える

　もう一つ，私がテーマとしてとらえているのは，「今」と「未来」の両面から「人生」を考えさせることです。

　「今」とは，子どもが日々の生活の中で直面している問題であり，「未来」とは大人が今直面している，あるいは，今の子どもが大人になったときに直面するであろう問題のことです。私はこれらを，

「子どもの問題を子どもの問題として」

「大人の問題を子どもの問題として」

としてテーマ化しています。

　「子どもの問題」とは，学校生活や家庭生活などにある，子どもが今向き合うべき問題です。親子のこと，学校のきまり，学習，行事への参加など，子どもも不満や怒り，不安や悩み，問題意識をもちながら生活しています。なかでも友人関係については，年齢が上がるにつれウエイトを占めていきます。特に高学年女子は人間関係の悩みを多く抱えるようになります。人間関係については，自分だけがどうすればよいかを考えてもダメ。解決・改善のためには，自分自身がどうあるかを考えるのと同時に，自他や集団をどうとらえどう関わるかが肝要です。

　実際に問題が起きたときに学ぶことも大事ですが，問題を予見し，どうありたいかとイメージして生きることも必要です。そうした「予習」のような授業づくりをこのテーマでは目指していきます。

　「大人の問題」とは，社会問題や小学生はまだ経験していないであろう失恋（本格的な）や就職などを指します。これらをそのまま提示しても，子どもにはわかりませんので，子どもの世界にあることに置き換えて提示します。例えば，恋愛におけるやきもちを女子の三人組のトラブルに置き換えたり，出世の問題をスポーツクラブの選手選出に置き換えたりするなどです。そうすることで，人生における問題は形を変えて訪れるだけで本質は変わらないことを知り，それを意識して人生を歩めるのではないかと考えています。

3 テーマを具現化した授業

5・6年生

女性の生き方の授業

自分との約束

A 主として自分自身に関すること【希望と勇気，努力と強い意志】

使用する資料・教材

- 『きらめいて生きる明治の女性たち　笹本恒子写真集』の中から16名の女性を選び，Ａ４用紙１枚に１人ずつプリントアウトしたもの（子どもの人数分。できれば全員違うものがよいが，難しければ同じものが重ならないように準備する）
- Ａ４の紙とマジック（濃くて太めがよい）を４人グループに１つずつ

題材の価値

　日本初の女性報道写真家，笹本恒子さんの写真集『きらめいて生きる明治の女性たち　笹本恒子写真集』には，明治時代を生き抜いた60名の女性たちが載っています。「明治生まれの女性たちの力強い生きざまを収めたい」という笹本さんの言葉通り，美しくてかっこいい凛とした女性たちが載っています。吉行あぐりさん，メイ牛山さんなど，時代の先駆けともいえる顔ぶれです。

　明治は今よりずっと女性の地位が低かった時代。「女性は家庭を守る」「女性が働くなんてとんでもない」といわれていた時代に，自分の信念を貫き自分らしく生き抜いた女性たちの生きざまが写真に表れています。

　笹本さん自身の
「そんな苦労を重ねて一流となった人間こそはるかに偉いと思うの。『明治の男は気骨がある』とよく言われていたけど，『明治の女はもっとすごいのよ』

って言いたかった」

という言葉にあるように，ご自身も苦労をされてきた方。そんな「かっこいい」女性の生き方に触れることで，自分らしく生きることについて考えさせたいと意図してつくった授業です。

導入 ……………………………………………………………………………………………………

「できるだけ誰にも見せないようにね」

と言って，1人に1枚ずつ写真を配付します（できる限りそばの子と写真が被らないように。グループに配付する組み合わせが同じにならないように）。

> 写真集『きらめいて生きる明治の女性たち』に収められている女性は，どの人も粋で気品に溢れ，美しい。エッセイストの沢村貞子さんが机に向かいじっと考えている様子，医師・林富美子さんの優しくも深いまなざし，美容家・吉行あぐりさんが娘さん（吉行和子さん）の髪を見つめぐっと櫛を握る様子など，自立し気概に溢れている。どれも魅力的であり数枚だけを抜粋するのももったいないが，自分の心に響くもの，笹本さんが意図した「厳しい時代を生き抜いた女性の気概」を感じるものを選んだ。

配付後，次のことを指示します。

・写真の感想を余白に書く。

・時代や周りの背景などではなく，人物についての感想を書く。

・ふざけたり，ウケをねらったりしてはいけない。

・この後全体で交流することを念頭に置いて考える。

　この間，おしゃべりをさせず，静かに一人で書かせることが肝要です。

　次に，グループでそれぞれの写真を持ち寄り，4枚1セットの写真集としてタイトルを考えます。また，次のように指示しておきます。

- 人物が主体となるタイトルにすること。
- 12文字以内にすること（文字数に制約をかけることで思考の拡散を防ぐこととと，より協同性を高めるねらいがある）。
- ふざけ，ウケねらいは禁止。
- 別に配付した白紙に決定したタイトルを大きく書く。

　次に交流です。すべてのグループの写真とタイトルが全員で共有できるようにします。なぜそのタイトルになったかの経緯や理由も一緒に交流します。ギャラリートーク（全員で一つ一つのグループを回りながら鑑賞する方法）がおすすめですが，ICT を活用して行うのもよいでしょう。

　そうすると，それぞれ違った写真が配付されたにもかかわらず，似たようなタイトルが出てきます。「凛とした」「かっこいい」「苦労した」など，大変な時代を生き抜いてきた逞しさについてイメージを共有します。

展開 ....

❶　笹本恒子さんを紹介します。できれば画像を準備すると，凛とした中にもやわらかい雰囲気があることが伝わるでしょう。その後，笹本さんの経歴を簡単に紹介します。

- 26歳のとき，日本女性初の報道写真家となる。
- 第二次世界大戦後しばらくして，写真家としての活動を停止する。
- フラワーデザイン，アクセサリーなどの会社を立ち上げ，活躍する。
- 71歳のときに再度カメラマンとして活躍する。
- 2016年に写真界のアカデミー賞と称されるルーシー賞を受賞。
- 2019年1月現在も現役写真家である。

経歴を見て，感想を交流します。概ね次のような疑問が出されます。

- ・女性初ということは，日本人として初めてのカメラマンは他にもいるということ。女性より男性の方が先だったのか。どのくらい後に女性カメラマンは誕生したのか。
- ・なぜ，途中でやめたのか。
- ・なぜ，71歳になって再開したのか。
- ・ルーシー賞をとったのって100歳⁉　どうして続けられるのか。

　疑問を全体で交流した後，再度グループで予想させます。

❷　笹本さんが生まれた大正時代がどんな時代だったのかを考えます。6年生の後半であれば，社会での学習が役立ちます。歴史が未習であれば，江戸時代が終わり欧米との交流が始まったこと，生活様式が変わっていったが女性の権利は制限されていたことなどを簡単に伝えます。

　その後，日本に写真が入ってきたのは幕末であったこと，日本で初めて商業写真師となったのは上野彦馬（1862年）であることを教えます。男性にずいぶん遅れて女性プロカメラマンが誕生したことがわかり，やはりこの時代が男性中心であったことが印象づけられます。

　次に，笹本さんご自身の人生にスポットを当てます。写真家として活躍しながらも，戦後は家計のためにどうしても仕事を続けられなかったこと，でもやっぱり好きなことをあきらめきれなくて再び写真家として歩み出したことを伝えます。

❸　なぜ，71歳になってもう一度写真を撮ろうと思ったのかを問います。写真集や時代背景などを手掛かりに考えさせます。その後，スライドを見せながら，笹本さんはなぜそう思ったか，なぜ男性ではなく女性を撮ろうと思ったのかについて考えさせます。

❹　作家の宇野千代さん，エッセイストの沢村貞子さん，画家の三岸節子さんの画像を提示しながら，明治を生き抜いた女性たちの思いを紹介します。

明治，大正，そして戦争が終わるまでの長い間，女性はずっと地位が低くて何の権利もなかったの。選挙権もなければ，女性だけが課せられる罪もあった，そんな時代だった。電化製品も何もないから，女性はみんな赤ちゃんをおんぶしながら掃除，洗濯などの家事労働を全部やって，空いているわずかな時間にものを書いたり絵を描いたりしてた。

　戦争が終わった当時はまだ，作家の宇野千代さん，絵描きの三岸節子さんという名前すら知られていなかった。でも，そんな苦労を重ねて一流となった人間こそはるかに偉いと思うの。「明治の男は気骨がある」とよく言われていたけど，「明治の女はもっとすごいのよ」って言いたかった。　　　　（『きらめいて生きる明治の女性たち　笹本恒子写真集』より一部省略して提示）

　女性が生きるのに大変だった時代，それでも強く逞しく生き続けた女性たちのことを，どうしても残したい，伝えたいと思った笹本さんの思いを強調して伝えた後，次のように問います。

> ずっとカメラマンを続けるために，笹本さんが自分としている約束があります。どんな約束だと思いますか。

　「自分との約束」とは何かを確認した後，交流します。
　「カメラマンだから体力をつけることかな」
　「道具の手入れをすることかな」
などの予想が出されます。あまり深入りせず答えを提示します。

> 「おいくつですか？」ときかれても，年齢は言わない。

　「カメラマンを続けるための自分との約束」ということを確認したうえで，なぜ，自分の年齢を言わないのかを考えさせます。

笹本さんの言葉を紹介し，最後の問いのスライドを見せます。

> 「もし実年齢を知られたら、
> ピントが合わないんじゃないか、
> 手元がぶれているんじゃないか、
> と腕を疑われてしまうかもしれない」
> 被写体に心配をかけたくないという
> プロ意識。

> 「女性だから」
> 「もう歳だから」
> を理由にあきらめることは
> 何もない。

> あなたは自分のために、
> 自分とどんな約束をしますか。

終末 ....
　「自分との約束」について書かせて授業を終えます。

※2019年5月28日現在，笹本さんは104歳でいらっしゃる。

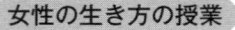

自分の顔が好きですか

D　主として生命や自然，崇高なものとの関わりに関すること【よりよく生きる喜び】

使用する資料・教材

- ダヴ：リアルビューティーID「本当の美しさを閉じこめないで」動画とその中からピックアップした女の子たちの画像4，5枚
- 犬の画像

題材の価値

　卒業を控えた子どもたちの多くは思春期を迎え，自分の容姿を過剰に気にする年頃になります。その傾向はおそらく，中学に進学した後もっと加速するでしょう。他者との比較に悩み，他者との小さな差異に一喜一憂し，自己肯定感を下げるかもしれない，そんな年頃。みんなそれぞれ美しくて素敵な存在なのに容姿ばかりを気にしていては，せっかくのすばらしい内面も萎んでしまうかもしれません。

　思春期の子たちは，外観の美しさこそが至上と思っています。しかしこのダヴの動画は，美しさは内面からにじみ出るものだということを教えてくれています。同時に，他者との関わりが，こんなにも内面を豊かにすることも示唆しています。中学進学という新しい世界に飛び立つにあたり，いろいろな人と出会い，いろいろな経験を積むことで自分の内面を磨いてほしい。それが自分にしかない魅力になり，自分らしい美しさをつくることを知ってほしい。そして人とは違う自分，自分らしい自分に自信をもち，豊かな人生を歩んでほしい……そんな願いをこめて授業をつくりました。

　これは，女子だけではなく，男子にも「自分ごと」として考え自分の魅力を磨いてほしいと考えています。また，安易に女性の容姿について口にせず，内面の美しさに気づける大人になってほしいという願いもこめた授業です。

導入……………………………………………………………………………………

　下記の写真を示し，「自分の顔が嫌い」という女の子たちの気持ちに共感できるかを問います。嫌いな理由を紹介し再度共感できるか問いますが，外観コンプレックスの子もいることを想定し，あまり深入りせずに進みます。

展開……………………………………………………………………………………

❶　次の犬の画像を配付します。太枠で囲まれた犬と同じ犬が他にもいるが，探せるかを問います。犬の顔はどれも同じように見え，探し当てるのは容易ではありません。が，実は人間の顔の差異も犬とそう大きく変わらないのです。その小さな差異を

私たちは「美人だ」「イケメンだ」と言って比較しているのです。

　ではなぜそんな小さな差異が気になるかというと，私たちが社会的動物であるからなのです。誰がどんな顔かを識別できなければ，社会生活は成り立ちません。だから小さな差異も識別するのですが，ついでに記憶の中の顔とも比較し評価までしているのです。

❷　「自分の容姿への自信度」の国際データを見せながら，日本は22か国中

何位かを予想させます。最下位であることを告げ，日本の10代が特に容姿に自信がない理由を示していきます。

🌱 思春期	🌱 歪み
・親近化選考 　→慣れ親しんだものや古いものを好み、新しいものを受け入れ難くなる。 ・日々成長している10代は、自分の顔の変化に敏感になる。 ・成長による変化に気持ちが追いつくのは大変なこと。	・自分の顔はどうやって見る？ ・同じ顔を見続けると、顔は歪んで見えてくるという実験結果。 　　　↓ もしかしたら、あなたが見ている顔は本当の顔ではなく、歪んで見える顔なのかもしれません。

❸ 出来上がった証明写真を見て，自分の顔が「嫌い」と言っていた写真の女の子たち。でも，ある魔法を使って撮り直したところ顔が変わります。

「どんな魔法を使ったと思いますか」
と問い，予想を交流した後動画を視聴します。

どんな魔法を使ったと思いますか？

〔動画の内容〕

　自分の顔が嫌いという女の子たち。証明写真を撮り直すことになり，一人ずつ撮影場所に行きます。そこには，友だちが自分の容姿のよさを話してくれていた VTR が。ふいに流れる動画を観て，女の子たちはみな笑顔に。なかには涙ぐむ子もいます。そうして撮り直した証明写真を見て，友だちが自分のよさを見てくれていることの喜びや，もっと自信をもっていいかもしれないという感想を話す女の子たち。彼女たちの笑顔が映し出された後，「本当の美しさを閉じこめないで」という字幕が映し出されて動画は終わります。

❶ 動画の後は，何も言わずに，次のスライドを流します。

「美しい顔」って，
どうやってつくられるのでしょうか？

自分の顔

自分の顔は、直接自分で見ることはできません。だから、鏡や写真にうつった顔が「自分の顔」だと思い込んでいます。

「嫌い」と言っていた自分の顔

無表情な顔

でも、
周りの人が見ているのは、鏡や写真にうつっている顔ではありません。
あなたの動いている顔を見ているのです。

顔が動くとき
それは、心が動いているとき。

あなたらしさこそが
美しさ。
一人一人、自分らしい
美しさがあるのです。

❷ 下記の問いに答える形で感想を書かせ，授業を終えます。

本当の美しさって何ですか？

子どもの問題を子どもの問題とした授業

わたし，傷ついているんですけど

B　主として人との関わりに関すること【相互理解，寛容】

◢ 使用する資料・教材

- 読み物教材（自作）
- ワークシート

◢ 題材の価値

　文部科学省「子どもの発達段階ごとの特徴と重視すべき課題」によれば，「9歳以降の小学校高学年の時期には，幼児期を離れ，物事をある程度対象化して認識することができるようになる。対象との間に距離をおいた分析ができるようになり，知的な活動においてもより分化した追求が可能となる」とあります。高学年になると，見えない背景にも思いを馳せることができるようになってくるのです。

　しかしながら，教室では，表層だけのやりとりで感情を処理し，けんかやトラブルに発展することが多々あります。多くはコミュニケーション不足が原因ですが，互いに一歩踏み込んで考える経験が浅く，積極的にコミュニケーションを結ぼうとしないことも一因ではないかと推察します。相手の行動理由を問うたり，自分の行動を言葉で説明したりすることからコミュニケーションが生まれ，相互理解につながると考えます。

　この授業では，日常的に起きそうな事例を挙げ，当事者の立場に立って心情を理解させます。そのうえで，相手の背景を教え，慮ることを疑似体験させます。そうすることで，自他それぞれに背景や事情があり，それを伝え合うことで相互に理解し合えることを考えさせます。

導入 ....

　BGM を流しながら次のスライドを示します。

> 今日、すごくムカついた。

> 友だちって、なんなの？
> って思った。

> あんな友だちならいらない、
> とも思った。

　使用した BGM は，ベートーヴェン「ピアノソナタ第8番　ハ短調　作品13『悲愴』第1楽章」。この曲を流すことによって，登場人物が猛烈に怒っていることが効果的に伝わります。あえて無言でスライドを送ることで，スライドの語り手の心情に入り込むことができます。友だちに腹を立てているという認識を与え，同時になぜ怒っているのかという関心をかき立てる効果をねらっています。

> あまりにも腹が立ったから、
> この出来事を日記に書いた。
>
> ──では、お読みください。
> 決して、
> おしゃべりをしてはいけませんよ。

　次にこのスライドを提示し，語り手の日記（プリント，p.45参照）を配付します。BGM の音量を下げ，黙読させます。

　この日記はけんかの当事者「さくら」と「みひろ」がそれぞれ書いたもの。子どもたちにはそれを告げず，半数にはさくらのものが，残りの半数にはみひろのものが渡るように配付します。

　配付途中に2種類の日記があることを悟られてはいけません。よって，すべてに同じプリントが配られたように見せるため，資料作成にも工夫が必要です。例えば，書き出しや書き終わりを同じようにする，ぱっと見たときの文章量に違いがないようにするなどの配慮をします。

　全員が読み終えたあたりを見計らって音量を上げ，次頁のスライドを提示します。

❶　ワークシート（p.46参照）を配付し，
①「ねえ，悪いのは，わたしなの？」
に対する考えと理由，「わたしが悪い
度」に数字を書かせます。相談させず
一人で考えることを伝えておきます。

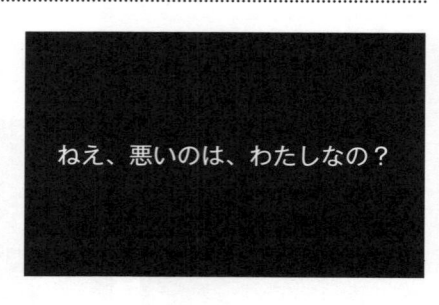

ねえ、悪いのは、わたしなの？

❷　全員が書けたところで，誰が悪いと
思うかを問います。

　まず最初に，りえが悪いと思う子がいないことを確認し，どちらかとい
えば悪いのはさくらとみひろのどちらなのかを決めさせます。ワークシー
トと日記，筆記用具を持って起立させ，
「さくらの方が悪いと思う人は窓際に，いやみひろだという人は廊下側に，
１，２の３はい！」
で一斉に移動させます。同じ考えの者同士２，３人で集まり，意見交流。
話が尽きたら相手を替え，10分ほどの時間枠の中でできるだけ多くの人と
交流するように言います。自分と違う視点があればワークシートの余白に
メモすることも指示しておきます。

❸　一度動きを止め，今度は，意見の違う者同士で交流させます。学習者は
ここで初めて互いの資料の違いに気がつきます。よって，どちらが正しい
かという視点ではなく，なぜトラブルに発展してしまったかという話題に
発展します。自他両方の視点で問題を考えることの必要性が実感できる時
間になります。よって，活動要領は❷と同じですが時間はやや長めにとる
ことが肝要です。

❹　もしもタイムマシンがあったなら，どの時点に戻って，どんなことがや
り直せると思うかをワークシートの②に書かせます。さくらとみひろの両
方の立場から考えることを助言し，理由も書かせます。書けたらペアで交
流させます。

　授業の感想を書かせて終えます。

○さくらの日記

　　きのうの学校帰り，
「明日の東っ子まつりにいっしょに行こう！」
とみひろさんをさそった。
　　「うん！　そうだね，さくらさんといっしょに行きたい！　でも遠くだから，お母さんに確認
するね！」
と言ってくれた。
　　みひろさんとは，６年生になってからなかよくなった。いつも元気で明るいみひろさんが，わ
たしは大すきだ。なかよしのみひろさんといっしょにおまつりに行くことができたら，どんなに
楽しいだろう。それに，２人でおまつりに行けば，今よりもっともっとなかよくなれるにちがい
ない。そう思うと，わたしはわくわくした。
　　だから今朝，教室でみひろさんに
「ねえ，さくらさん，おまつりに行けるよ！」
と言われたときは，とってもうれしかった。それなのに，みひろさんは
「りえさんも入れて３人で行くことに決めたから」
と言った。わたしにひと言のそうだんもなく決めるなんて，ひどい。それに，わたしはりえさん
とはそんなになかよしじゃない。だから，
「わたし，りえさんとあんまりなかよしじゃないんだよね。気を使わせたら悪いから，みひろさ
んとりえさん，２人で行きなよ」
とすこしむっとして言ったら，みひろさんは無言でめっちゃにらんできた。はあ？　おこりたい
のは，こっちだけど。悪いのは，わたしなの？

○みひろの日記

　　きのうの学校帰り，
「明日の東っ子まつりにいっしょに行こう！」
とさくらさんにさそわれた。じつは，りえさんからもさそわれていて，何とへんじをしてよいか
こまってしまった。とりあえず，
「うん，そうだね……。いっしょに行けたらいいね……。でも遠くだから，お母さんにかくにん
しなきゃ……」
と言った。さくらさんもりえさんも，どっちもなかよしの友だち。どうしよう。どっちかをこと
わったら，気まずくなるだろうなぁ。
　　いろいろ考えたけっか，３人で行くことにした。これがきっかけで，さくらさんとりえさんが
なかよくなったら，きっと今までよりもっと楽しくなるだろう。そう思うと，わたしはわくわく
した。
　　だから，今朝，教室でさくらさんに
「わたしもおまつりに，行けるよ！」
と言ったとき，さくらさんはよろこんでくれると思っていた。でも，りえさんと３人でねと言っ
たとたん，さくらさんは不気げんになり
「わたしさ，りえさんとはなかよくないんだよね。気を使うのめんどくさいから，みひろさんと
りえさん，２人で行けば？」
と，わたしをにらみながら言った。そしてガタンと音を立てて席を立ち，教室から出ていってし
まった。
　　ひどい。さくらさんも入れてもらうように，わざわざりえさんにお願いしたのに！　すごく気
を使ったのに！　悪いのは，わたしなの？

道徳ワークシート　　（名前　　　　　　　　）　月　　日

①ねえ，悪いのは，わたしなの？

悪いのは，（　　　　　　　　）だと思います。なぜかというと，

わたしが悪い度（　　　　　）％

②どこに戻って，どんなことをやりなおす？

自分がさくらだったら？	自分がみひろだったら？

●今日の学習で考えたことを書きましょう。

子どもの問題を子どもの問題とした授業

なかよしということ

C　主として集団や社会との関わりに関すること【よりよい学校生活,集団生活の充実】

使用する資料・教材

- ワークシート

題材の価値

　高学年になると，女子のグループ化が顕在化し，その内外での関係性がうまくいかなければ学級経営そのものを揺るがす問題にまで発展します。その多くの理由は，自分の居場所探しにあります。

　暴力など直接的に怒りを表現する男子に比べて，女子は間接的に怒りを表現します。陰口，仲間はずし，悪い噂の吹聴などがこれにあたります。なぜ間接的に表現するかということについては説明を割愛しますが（詳しくは拙著『タイプ別でよくわかる！　高学年女子　困った時の指導法60』をお読みください！），多数対個人という構図にもかかわらず，巧妙に陰で行われるため大人でも容易に発見することができません。とりわけ仲間はずしは「自分は友だちもいないかわいそうな女の子」という心理的ダメージを受け，自己肯定感を大きく下げる要因にもなる攻撃です。「多数対個人」という構図では女子は一人では太刀打ちすることが難しく，結果，自分が攻撃されないための安全基地として群れ化が進むのです。

　防御のための群れ化が進めば，女子の心に生まれるのは疑心暗鬼。いつ出し抜かれるか，いつ裏切られるかに怯えるようになると，言動の基準は「自分が損をしないか，痛い目にあわないか」になります。それがまかり通れば，集団は自分さえよければ他者の痛みなどどうでもよいという価値基準で動くことになります。その集団は果たして居心地のよい場といえるのか，そうでないとすれば自分はいかにあるべきかということを考える一助になってほし

いという願いをこめてつくった授業です。

導入

> この学校には，「１年生と遊ぼう週間」というものがあります。高学
> 年である５年生が，１週間だけ毎日１年生と遊ぶという企画です。この
> 集会の目的は２点。
> ・早く学校に慣れてもらう。
> ・「学校は楽しいよ」ということを知ってもらう。
> 　５年１組の教室では，早速学級会が開かれました。まずは，どうやっ
> てグループを決めるかが話し合われています。

　スライドを使いながら，上記のように場面を設定します。行事が行われる
こと，その目的，それに沿ってグループづくりがなされるという前提を全員
で共有します。

展開

❶　スライドを提示しながら，話合
いの経緯を説明します。

　自分もクラスの大半も男女混合
のグループがよいと判断。行事の
目的に沿って出された結論である
ことを肯定的に評価しておきます。

　しかし，ここで次頁のような反

対意見が。しかも，行事の目的に沿っているようで個人の好みや感情を優
先させている利己的な理由です。まずは，この意見についてどう思うかを
考えさせます。

なかよしのあさみさん：
ちょっと待ったぁ！
やっぱり、男女いっしょは嫌です！

①なかよしじゃない人がいたら、楽しくない。
②女子６人だったら、その中になかよくない人がいても女子が多いからなんとかなる。
③３人だったら、人数が少ないからつまらない。
④５年生が楽しくなければ１年生を楽しませることはできない。

女子は女子の好きな人同士で
グループをつくりたい！

「好きな者同士」は，子どもたちからよく出てくるフレーズです。これは，力の強い子たちにとっては違いますが，友だちの少ない子，周りから疎外されがちな子たちにとっては恐怖を感じる言葉です。自分は誰からも「好きな者」に選ばれず，あぶれた者たちだけで「寄せ集めグループ」をつくる羽目になるからです。

こうした少数派の心理に目を向けられる子はそう多くなく，この時点であさみさんの意見に流れる子は多いでしょう。

❷　意見交流をした後，次のスライドを見ます。

　司会の問いかけに対し，あさみさんと仲が良い子たちが一斉に賛成意見を言います。あたかも「正当」であるかのような理由を述べ，あさみさんの機嫌をとるかのように，あるいは，自分たちの意見を通すために。

　多くの子はここで悩みます。保身か正義を通すか。私利私欲か全体の利か。授業ではあえて「わたし」に前者を選択させ，是非について交流します。

最初「男女混合」と言っていた人たちも、次第にあさみさんの考えに賛成し始める。

わたし：

・ここで反対意見を言うと、あさみさんたちから嫌われるかもしれない。
・実際、なかよくない人と一緒になったらつまらないかも。
・せっかくの遊び企画だから、なかよしのメンバーで楽しくやりたい。

多数決であさみさんの意見に賛成。
男女別，男子は４，５人グループ，女子は５人グループと決定。

❸　次の展開を見せます。

　「わたし」は意気揚々とあさみさんたちの方に向かいますが，すでにグループが結成されています。話合いで「女子は5人」と決まりましたから，自分も入れて6人ともなりません。普段あさみさんたちと一緒にいる「わたし」は，他に仲良くしている人もいません。まさか自分が独りぼっちになるなんて想像もしていなかった「わたし」は途方に暮れます。
　そこに，あまり話したことのない女子が来ました。独りぼっちで困っている「わたし」に，
「わたしたちのグループに入れてあげる」
と言って誘いました。

終末┈┈┈┈┈┈┈┈┈┈┈┈┈┈┈┈┈┈┈┈┈┈┈┈┈┈┈┈┈┈┈┈┈┈┈┈┈
　ワークシート（次頁参照）を配付し，一気に③まで書かせます。考えを交流させて終えます。

道徳ワークシート　　（名前　　　　　　　）　月　　日

① 「わたし」が一番悲しいのはどこですか？　　○をつけましょう。

　　　ア　　　　　　　　イ　　　　　　　　ウ　　　　　　　　エ

　ア　あさみさんたちが，わたし以外のメンバーでグループになっているのを見たとき
　イ　あさみさんに，「ごめんね」と言われたとき
　ウ　まわりのみんながグループになっていて，独りぼっちだと気がついたとき
　エ　「入れてあげる」と言われたとき

　理由

② もし，あなたが「わたし」だったら，この後，どんなことが心配ですか。

③ このクラスがどんなクラスだったら，「わたし」のような人をつくらずにす
　みますか。また，そのために，自分ができることはどんなことですか。

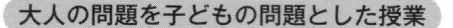

大人の問題を子どもの問題とした授業

マリ

D　主として生命や自然，崇高なものとの関わりに関すること【生命の尊さ】

◀ **使用する資料・教材**

• 読み物資料

◀ **題材の価値**

　命に関する報道が毎日のように流れます。殺人や虐待のように尊い命を奪うもの，遺伝子操作やクローンなど命を操作したり生み出したりするもの，あるいは，延命措置やトリアージなどの命の選別を扱うもの。その是非はいったい誰が決めるのでしょうか。「当たり前」だった命の常識は，この先もずっと「当たり前」であり続けるのでしょうか。

　科学が発達し価値観が多様になった現代，「命は尊いもの」という価値は変わらねど，その中身は複雑化しさらに多様になっています。「命」とは何か，「命を尊ぶ」とはどういうことかという具体像をもつことが，「命を大事にする」第一歩だと考えます。

　人間に置き換えると生々しくて，あるいは周辺情報に左右され焦点がぼけてしまって成立しにくい問題を，ペットに置き換えて考えさせます。

◀ **授業展開**

|導|入|

　スライドを流し，文章を朗読します。

　①2004（平成16）年10月23日。この日の朝，マリさんはお母さんになりました。自宅出産でしたが，母子ともに元気。子どもを見つめるマリさんは，とても幸せそうでした。

②2004年10月23日17時56分。新潟県中越地震が発生しました。

【データ】

震央：新潟県中越地方　　震源の深さ：13km　　震源の規模：M6.8

最大震度：震度7　　大陸プレート内地震

死者：68名　　負傷者：4805名　　全壊家屋：3175棟

（新潟地方気象台HPより）

③マリさんのおうちには，要介護で，寝たきりのおじいさんがいました。地震発生時もおじいさんは，一人で2階に寝ていました。そのおじいさんの上に，柱やタンスが倒れてきました。おじいさんは身動きがとれません。何度も襲ってくる余震の中で，「ああ，もう死ぬのかな」とあきらめかけていました。

④そのとき，階段をダダダダと上ってくる音が聞こえました。マリさんです。ガラスなどで切ったと見え，手足からは血が流れていました。マリさんはなんとかおじいさんを助けようとしますが，マリさんの力ではどうにもなりません。

⑤マリさんは，おじいさんを一生懸命に励ましました。しかし，いつまでもそばにいるわけにはいきません。階下には生まれたばかりの赤ちゃんがいます。しばらくすると，マリさんはおじいさんのもとを離れ，赤ちゃんのところに帰っていきました。

⑥ところがしばらくすると，またマリさんがやってきました。暗闇の中を歩くので，ますます傷だらけ。マリさんはおじいさんを一生懸命励まし，赤ちゃんのところに戻っていきました。

⑦赤ちゃんを産んだばかりのマリさんは，夜中に何度もこうしておじいさんのところに行きました。「もう死ぬのかな」とあきらめていたおじいさんは，マリさんの懸命な姿に胸を打たれ，「なんとしても生きなくては」と思い直しました。

⑧夜が明けました。マリさんたちが住んでいた山古志村は，「陸の孤島」と化していました。地震による土砂災害などで道がふさがれ，村外と

の道路が完全に埋まっていたのです。

⑨本来ならすぐ来るはずの救助が，なかなか来ません。救助は，地震発生から2日後の25日になってやっと来ました。自衛隊によるヘリコプターでの救助です。村にはたくさんの人が助けを待っていました。

⑩重傷を負ったおじいさんは，真っ先にヘリコプターに乗せられました。しかし，今日はマリさんをヘリコプターに乗せることはできない，次の救助まで待ってほしいと言われました。

⑪おじいさんは，

「マリは子どもを産んだばかりで，手足にけがを負っている。なんとか，今日連れていってほしい」

「マリは，命の恩人。どうしても，マリを一緒に連れていきたい。連れていかなくてはならないんだ」

と一生懸命お願いしました。

⑫「できることならそうしたい，でも，救助すべき人はたくさんいる。お宅だけ特別扱いはできない」

と，その願いは聞き入れてはもらえませんでした。

展 開 ......

❶ 「産後のマリさんをヘリコプターに乗せない」という判断についてどう考えるかを話し合わせます。「もっと重症の人がいたのならやむを得ないのかな」「でも産後は大変」「赤ちゃんと置き去りにされるのはかわいそう」という世論を形成しておきます。

　ちなみに，スライドの背景は，情景に合わせて選んでいます。事態が深刻化する場面では暗雲が立ち込めるくらいのスライドを，夜が明けるシーンでは明るい夜明けの画像をというように。そうすることで，文面だけではなくスライドの画像によって，状況をより鮮明に伝えることができます。

❷ 次のスライドを提示します。

> 　ヘリコプターに乗り込むおじいさんの後を，マリさんはなきながら追いました。ヘリコプターが見えなくなっても，ずっとその場を動こうとはせずに，声を限りにおじいさんを呼び続けました。

　次に，瓦礫のそばで空を見ながら鳴くマリの画像を提示します。子どもたちは，ここで初めて，マリが人間ではなく犬であることを知ります。その後，マリと子犬たちの画像を示しながら以下のように説明します。

> 　マリは，五十嵐さんのおうちで飼われていた犬です。3匹の子犬を産んだその日に地震に遭遇。マリは一晩中，生まれたばかりの子犬の世話をしながら，動けない五十嵐さんの顔をなめ励まし続けました。懸命なその姿に心打たれた五十嵐さんは，「生きる」と決心。自力で自宅から避難所に向かいました。

　『山古志村のマリと三匹の子犬』（文藝春秋），『マリと子犬の物語』（汐文社）を紹介しながら，実話であること，マリを置いていく自衛隊員たちも苦悩していたこと，当時「人命優先」はやむを得なかったこと，それでもやりきれない五十嵐さんの思いを伝えます。

> ・家族の一員でも，どんなに大切にしているペットでも，大災害の場合は，人間の避難が優先される。
> ・（ヘリコプターは）少ない回数で，たくさんの人間を運ばなければならないから。
> ・「なんで連れていけないんだ……」
> 　おじいさんは，やりきれない気持ちになった。

❸　「人命優先」ということについてどう思うかを考え，交流させます。

犬とわかる前と後の思考の変化，命の尊さとは何かを話題にします。

❹ 続きをスライドで紹介します。まずは，五十嵐さんがどれほどマリを心配し，大事に思っていたかがわかる部分を説明します。

> ・五十嵐さんは，避難する前に，ありったけのドッグフードを準備していく。
> ・新潟県が被災したペットに定期的にえさを与えると聞くも，マリが心配でならない。
> ・自分を助けてくれたマリを置き去りにしたことへの罪悪感。
> ・ニュースで山古志村の映像が流れると，必死にマリの姿を探す。
> ・マリのことが心配で，片時も忘れたことがなかった。

続いて，一時帰宅が許されたときの様子について語ります。

> 五十嵐さんはしばらくぶりに足を踏み入れた故郷の変わりように驚きます。傾きかけた屋根，倒れかかった柱……。こんなところでマリは生きているのか……，ダメなんじゃないか……。そう思ったそうです。でも，どうか生きていてほしいと祈るような気持ちで犬小屋に向かうと，
> 「ワン！　ワン！」
> という声とともにマリが子犬たちと姿を現しました。五十嵐さんも
> 「マリ！　マリ！」
> と叫びながら駆け付けました。そこには，見間違うほどやせ細ってしまい，顔つきが変わったマリがいました。しっぽを振りながら飛びついてきたマリを，五十嵐さんはしっかり抱きしめました。

画像には，五十嵐さんに飛びつき，しきりに顔をなめるマリが写っていました。マリもきっと五十嵐さんに会いたかったのでしょう。その思いが五十嵐さんにも伝わり，五十嵐さんは一層マリを愛おしげな表情で見つめ

ています。

　いつまでも離れないマリを抱き，五十嵐さんは安堵と後悔と詫びの気持ちがにじみ出るかのような表情。この五十嵐さんの表情に注目させながら，五十嵐さんにとって，マリはどんな存在だったのかを考えさせます。

　「かけがえのない家族」

　「命の恩人」

など，他人にとっては「犬」であっても，五十嵐さんにとっては何にも代えがたい存在であったことを確認します。

❺　「五十嵐さんにとっては家族同然の大事な存在でしたが，ネット上にはこんな考えもありました」

と言って資料（次頁参照）を配付します。黙読させ，余白に考えたことや思ったことを書くよう指示します。その後，自由に立ち歩きながら意見交流をさせます。

終末 ⋯⋯⋯⋯⋯⋯⋯⋯⋯⋯⋯⋯⋯⋯⋯⋯⋯⋯⋯⋯⋯⋯⋯⋯⋯⋯⋯⋯⋯⋯⋯⋯⋯⋯⋯⋯

最後に2枚のスライドを提示します。

> ・命に，優先順位はあるのですか？
> ・あるとするなら，優先順位を決めるのは誰ですか？

　この2つの問いに触れる形で感想を書かせます。難しい問題ですが，たっぷり時間をとってじっくり考えさせます。

　その後，4人グループで交流。答えを一つに集約したり結論づけたりせず，多様な考え方やとらえ方があること，考えれば考えるほど答えは一様にはならないことをおさえます。

　命はかけがえのないものであり，どの命も大切なもの。だからこそどの命も大事にするにはどう考えていくべきかが，子どもたちの中に「問い」として生まれることを期待しています。

ペットに関して，ネット上には，こんな声もあります。

> ペットは家族だと言う人に腹が立ちます！　そう思う私は異常ですか？　いくらかわいがっていてもオーバーじゃないですか？　人間と犬は同じじゃないと思います。

それに対する返信

> 私は家族とまではいきませんが，犬を友人みたいなかんじと思っています。人それぞれ感性が違います。犬を家族や友人と思う人もいることを知ってください。

> 家族と思ってもいいじゃないですか。なぜ腹が立つのか不思議です。家族と思わなくても，家族と思っても，どっちもいいじゃないですか。でもそれに対して腹が立つという感覚は理解できません。
> ちなみに，私はペットのことを家族だと強く思ってます。それは理屈じゃない，いっしょに住んで，愛情注いで，かわいい存在だからです。大切な家族です。ペットのために死ねないのに，家族と言うなと言わんばかりのことを書いてますが，もし私のペットが車にひかれそうになったら，自分の身が危ない場合でも，私は助けますよ。

> ペットと家族はちがうでしょ。
> 人間と動物をいっしょにしないでほしい。

> 自分も動物好きです。猫飼ってます。
> かわいいし，大事にしていますが，家族ではありません。
> 「家族」の意味，定義が人によって違うのかもしれません。

> 身近にいる愛する生き物を家族としているのかなぁと思います。
> 適切な飼育をしているのであれば，家族だろうが，ただのペットだろうが好きに考えればいいと思います。いろいろな考えの人がいるんだから，いちいち気にせずスルーしてればいいんじゃないですか？　他人の考え方に，いちいち食ってかかるのもどうかと思います。誰にでも，理解できない価値観ってありますから。

大人の問題を子どもの問題とした授業

誰が一番おかしいの？

C　主として集団や社会との関わりに関すること【公正，公平，社会主義】

◀ **使用する資料・教材**

• ワークシート

◀ **題材の価値**

　2018年8月に，東京医科大学不正入試問題が発覚しました。女子や浪人生の得点を不当に操作し，本来であれば合格圏内にいた生徒を不合格にしていた問題。発覚より10年以上にわたって行われてきたという報道でした。

　この背景にはジェンダーの問題があり，「女性だから」といういわゆる性別だけで語られるものではないと理解しています。表面的には「女性だから不利」ではあるのだけれど，医師という過酷な労働条件ゆえそうせざるを得なかったという意見も熟考すべきことだと思います。

　ネット上でも，女性医師が「休日出勤は当たり前」「15時間勤務も当たり前」「妊娠中でも育児中でも容赦なく呼び出される」「当直明けでも普通勤務」などブラックぶりを吐露していることを見ると，「女性だから非力」「女性の方が能力がない」といった単純な男尊女卑の問題で起きたのではないことが理解できます。

　女医の西川史子氏もTBS「サンデージャポン」（2018年8月5日放送）の中で，女性の体力（力，握力という意味）では大きな患者さんを抱えきれない，手術できないこともあり男手が必要，男性ができることと女性ができることは違うと主張しています（この見解には賛否両論ありますが，それに対する主張は割愛）。

　もはやこれは医師だけの問題ではなく，社会の構造，個人の在り方という面からも考えなくてはならないものだと思います。女性に力がなくて重い患

者さんを手術できないとすればそれをサポートするシステムが必要だし，産休・育休中の人手不足が問題ならそうならない社会的システム，家庭内分業の意識改革などを総合的に考え直さなくては改善されないことだと思います。医師だけではなく，あらゆる立場の男女が共に考える問題であると私は思います。

　これらは現代の大人の問題であると同時に，次世代を担う将来の大人の問題でもあります。将来の大人＝今の子どもたちが問題として意識し，考え続けてほしいという願いのもと作成した授業です。

◀ 授業展開

導入 ……………………………………………………………………………………

❶　フレームをつくります。「大人の問題を子どもの問題として」提示するので，フレームは子どもの世界で起きがちなものを設定しました。身近でよくあること，それでいて強引な場面設定にならないよう配慮しました。

> ここは、5年1組の教室。
> 来月行われる音楽発表会の楽器担当を決めています。

困ったことが起きました。

2人枠の和太鼓に、6人も立候補者が出たのです。

全員が和太鼓クラブの部員。しかも、大会では上位入賞の常連。みんな自信満々です。

あまり体力に差が出ないと思われる「和太鼓」を誰が行うにふさわしいか，という設定にしました。楽器ですので，男女差なく行え，経験や技術などが選定基準だと一般的に考えるであろうと想定しました。

先生は、公平に、じゃんけんで決めよう！と言いました。

みんな上手なんだから、誰がやったっていいじゃないか。

先生

これに対して、みんなは猛反発。運で決めるなんて公平じゃない！ちゃんと話し合って決めたい！と主張。

　ここで「じゃんけんは公平か？」という問いが生まれます。実力を見極めて選定するのが公平というのは正論ですが，芸術の世界では（特にその道に明るくない素人は）実力の優劣を見極められないものです。客観的基準がないことが判断の難しさを生み，「じゃんけん」という安易な方法に逃げることにもつながっていることを補足します。

① ゆうじの主張

お祭りで和太鼓を叩くのは、男が多い。男が叩いた方が、見た目にかっこいい！　男子2人に決定！

ゆうじ

② さくらの主張

男子って、すぐふざけるしサボる。女子の方がまじめだから、女子にしたらいいと思う。

さくら

③ あおいの主張

男子って、細かいところに気が向かないでしょ？　みんなに合わせながら叩けるのって、女子だと思う。

あおい

④ ひでとの主張

女子ってさ、重い太鼓、一人で準備できんの？準備も後片付けも自分でできないやつが、やる資格ないと思う。

ひでと

　順にスライドを紹介しながら，それぞれの主張を確認します。6人の主張は，

- ・性別による気質の差
- ・性別による役割
- ・性別による体力差
- ・人数の割合
- ・数の上だけの平等

をそれぞれ主張しています。

❷　ワークシート（次頁参照）を配付し，それぞれの主張についての考えを書かせます。できるだけすべてについての賛否を書かせたいところですが，難しいようであれば書けそうなところだけ書かせます。

　最後に，誰の主張が一番おかしいかについて書かせます。一つに絞ることはとても難しいことではありますが，あえて一つに絞ることで問題の焦点化を図ります。書き終えたら立ち歩き，意見交流します。

終末 ···

　6人の主張にはどんな問題が含まれているかを考えさせます。グループで交流させて授業を終えます。

3

材を教材にする

── 1 材を探す

1 テーマが材を呼ぶ

　前述したように，自分にテーマがあれば，それに適合する（題）材が目につきやすくなります（以下，「材」と表記します）。テーマというスポットライトを携行しているわけですから，自ずとそこがフォーカスされるのです。

　はじめのうちは，テーマと合致したものだけが目に入るかもしれません。「卵焼き」なら，卵焼きについてのみ触れたものしか見えないかもしれません。しかし，そのうち，卵焼きに関連する周辺情報にも目が行くようになります。「産地」が気になれば，「なぜその産地はよいのか」「誰がよくしたのか」「どんな苦労があるのか」と課題意識が発展していきます。そうやって記事を集めることで，「卵焼き観」が豊かになっていくのです。あるいは，そこから派生したものが，自分の新たなテーマとして確立する可能性も多分にあります。

2 気になったら立ち止まる

　テーマ外の材でも，「おや？」と気になるものに出合ったときは，とりあえずじっと眺めます。文章であればざっと読み，1％でも気になればすべてをストックします。そのときは「気になった中身」の正体がわからないだけで，3年後に閃くこともあります。全く関心がないと思っていたことでも，5年後に関心をもつかもしれないのです。

　「ああ，この記事，取っておいてよかった‼」
と思ったことは，一度や二度ではありません。

3 材はどこにあるか

　材はどこにでもあります。世の中すべてのものが材といっても過言ではありません。それが材だと認識していないがために，多くの逸材を見逃しているのかもしれません。

　私が自主教材で授業をつくり始めた頃，材はなかなか見つかりませんでした。当時は新聞やポスターを主に探していたのですが，はっとする材に出合うのは稀。ま，これ一応取っておくかという程度のものがほとんどでした。

　これは考えてみれば当たり前のことで，新聞記事の内容は断定的で硬く，どこか人ごとのような距離の遠さがありました。しかし現象面としての事実（と思われるもの）を伝えるのが新聞。自分の内面に入り込まないのは当然です。材を新聞だけから探そうということ自体に無理があったのです。

　では，他にどんなものがあるでしょうか。材となりうるものの一例を紹介します。

○ネットニュース

　ネットニュースのよさは手軽であることに加えて，同じニュースを多数のサイトで比較できることです。書き手（サイト，運営会社）が違えば，ニュースの切り取り方も評価も違います。自分自身が多面的・多角的にニュースをとらえるという意味でもかなり有効な材です。

　また，硬い記事からホットな記事までバリエーションも豊富です。芸能人ネタは低俗だなんて決めつけてはいけません。一見芸能人のミーハーネタに見えて社会問題を孕んでいることもあります。記事自体がミーハーでも，記事の扱われ方が材になる場合もあります。どんな記事がネットに上がっているかチェックする習慣をつけましょう。1日5分のネットサーフィンを毎日行うことをおすすめします。

○テレビ番組

　ニュースだけではなく，ドキュメンタリーや「あの人は今！」のような番組にも材は転がっています。テレビ番組ではご本人が登場していたり，わかりやすく解説が入っていたりしますので，たくさんの資料をあちこちから集める手間が省けます。また，焦点が絞られていて授業につながりやすくもあります。

　あるいは，有識者のコメントやデータが授業で生きる場合もあります。番組のつくり方，出演者の所作，そんなものも材になりえます。

○絵本

　私は，絵本（読書）は楽しむものであると考えており，学力向上やしつけのために利用することが嫌いです。しかしながら，絵本には心打つエピソードや，心にしみ入る「何か」が描かれています。理屈ではなく，直接感性に訴える力が絵本にはあるのです。言葉にできないこと，言葉にしてしまうと陳腐になるものを絵本は補ってくれます。絵本を介して自分の内側にあるものと対話する，そんな時間を生めるのも道徳授業のよさではないかと思います。

　このような絵本観をもっていますので，教訓になるもの，知らしめるものではなく，感じることができるものを材として使います。そんな絵本に出合うためには，たくさんの絵本を読むこと。学校や地域の図書館には，たくさんの絵本があります。かたっぱしから読んでいくと，自分の感性にぴったりの絵本に必ず出合うことができます。

○児童文学，小説

　長い物語を加工することは，技術のいることです。どこを取り出し何を捨象するかは，長ければ長いほど難しいものです。しかしながらストーリーが確立しているという点では，授業構成をしやすくする面もあります。物語にどっぷりつかった授業構成にする，主題を扱って核心に迫るときには適した

材です。

　私は，子どもの頃から大好きな童話を授業化するのが目標です。

○マンガ

　マンガは，ほぼ絵とセリフで構成されているので，場面が想像しやすいという特徴があります。道徳授業で使う場合には，細かな説明がなくても場面提示ができる，感情や背景を一気に提示できる，よって，ストーリーに直接入りやすいという利点があります。

　しかし，コマ割りされたものを提示するので，全体像がつかみにくい，イメージや思考が固定されてしまうという難点もあります。これらの特徴に鑑みながら，どこを材として切り取るかが重要です。

○新書

　新書は専門的見地で書かれたものが多く，個性的かつ学術的，研究的，そして今日的な情報が得られます。テーマに即した内容が書かれているため，知識を得る，増やすという点でメリットがあります。タイトルに惹かれたら，次は目次を見てみましょう。目次で気になったところがあれば拾い読みをしてみましょう。興味がもてて，欲しい情報が書いてあれば通読してみます。

　新書の内容自体を材にすることも可能ですが，私は，テーマに関する知識の補充，裏付け的に使用することが多いです。

○詩

　国語で教材にするのと違って，感じたままの世界観にどっぷりはまりながら授業をつくることができるのが詩の魅力。言葉から感じたもの，想像したものを自分の内面と照らして考える楽しみがあります。

　とはいえ，それは国語的解釈に基づいてできるもの。なんとなくかっこいい，なんとなく素敵というだけでは薄っぺらい授業になってしまいます。詩の中に考えさせたい，感じさせたいものがあるかを見つけることが肝要です。

○雑誌，週刊誌

どこに材があるかがわからないのが雑誌や週刊誌。記事だけではなく，コラムや宣伝広告，表紙，編集後記などあらゆるものが対象になりえます。

テーマに沿った記事は探しにくく，偶然の出合いを期待する類の媒体です。ぺらぺらとページをめくりながらも，「なんかいい記事ないかなぁ」という意識を。

○広報誌

町内会の広報，教職員組合などの会報，病院の待合室にあるパンフレットなどから思わぬ情報を得ることができます。「ちょっといい話」だったり，有名人でもなんでもない一般の人の「つぶやき」だったりというものは，コラム的に扱うことができます。

また，病院などのパンフレットは，専門的なデータなどを得ることができ，貴重です。患者さんの声，医師の声なども資料として活用することが可能です。

○写真集

写真家が撮る写真には，伝えたいものがこめられています。よい写真であること，よく撮れていることが重要ではなく，写真家はこの写真に何をこめたか，何を伝えようとしたかという視点で見ることが肝要です。

これは，絵画や文学，音楽などについてもいえることで，芸術家は凡人には気づけない「何か」を，それらを媒体として表現しているのです。それを探すこと，見つけることが，授業の核心を規定するということにもつながります。作品の中に何かが見つけられなければ，材が教材としては成立しないのです。

○音楽

音楽がつくられた背景，音楽そのもののよさ，歌詞の世界観，使用されて

いる楽器，音楽家の人生，音楽が世にもたらすもの，音楽と自分との関係性……。音楽は，実に多くの可能性を秘めた材であるといえます。

メイン材として使うことはもちろん，BGM や材の魅力を引き出すためのツールとしても使うことができます。

○映画

最大の魅力は，テーマに沿ったストーリーを動画として提示できる点にあります。これは，伝えたいことを一気にわかりやすく見せることができる動画特有のメリットです。

しかしながらほとんどのものは時間が長いので，どこを切り取るかが最大の難点でもあります。

○人

教科書では偉人ばかりが取り上げられますが，偉人である必要性はありません。もちろん，自分が尊敬してやまない人物の偉業を授業化することには意味はあります。しかし，道徳の目標にあるように「自己の生き方についての考えを深める」ことに鑑みると，「すごいなぁ」と憧れさせるだけであれば，授業の価値は高いといえるのでしょうか。

「偉人の偉大さ」からは見えない，普通の人の美しさ，弱さ，愚かさ，すばらしさを教材にすることにも大きな意味があります。こうした視点で「人」を見ると，あなたの周りにも子どもたちに伝えたい「人」がいるかもしれません。

○日々の生活

日常生活はネタの宝庫です。家族との関わり方，隣人の親切，町内会活動で感じたこと，友人とのエピソード……。現象を分析したり，意味づけたり，一般化したりする視点があれば，学級でのトラブルさえも材になりえます。誰にもつくれないオリジナル教材開発の一助にもなります。

― 2 材を蓄積する

1 とにかく取っておく

　見つけた材は，とにかく取っておきます。少しでも「？」「！」と思ったら，とにかく取っておきます。あとで探そうとしても，多くの場合は見つかりません。あるいは膨大な時間を要します。その瞬間のわずかな手間を惜しまず，とにかく取っておくことが大事です。

2 必要最小限の手間をかける

　紙面であれば切り抜きを。動画であれば録画を。即座に録画が難しければ，スマホで録画，写メを撮るだけでも OK。ネット記事ならブックマーク。持ち出せない資料なら，コピーを。どれも 1 分以内にできることです。

　重要なのは，情報を残しておくこと。記事なら発行年月日，発信元（アドレス），記事のタイトルが必要です。本や資料であれば，出版元や作者やタイトル。可能であれば，見つけた場所や日付。エピソードであれば概略を。余裕があればそのとき感じたことや，浮かんだ授業構想などもメモしておきます。

3 保存先を決めておく

　アナログ記事は大きめのファイルに，デジタル記事はパソコンのフォルダに溜めています。決まったテーマ以外のものは一緒くたに入れ，気が向いたときに分類することにしています。

3 材を解釈する

1 材の核を探す

　材には様々なメッセージが含まれています。同じ材でも見方や立場によって受け取るものが違うからです。同時にそれは，物事は一面的ではないことをも示唆しています。

　『かわいそうなぞう』というお話があります。私が子どもの頃は国語の教科書に載っており，今なお売れ続けている本ですから，ご存知の方も多いと思います。

　全文を読まれた方はおわかりでしょうが，これは第二次世界大戦中，危険回避のために上野動物園で飼育されていた動物たちを殺さなくてはならなかった実話をもとに書かれた本です。ライオンなどの猛獣たちが殺され，最後まで残ったぞうたちを餓死させなくてはならなかった職員の苦悩や悲しみ，怒りが描かれています。

　この本は，単に「平和が大事だ」ということを訴えているのではありません。戦争という特異な条件下では命の選別が行われること，人間の命が最上であるという傲慢さ，動物園で飼育しながらも殺す人間の身勝手さ，組織命令と個人思想の折り合いのつかなさ，そういった醜いものが露呈するのが戦争の恐ろしさの一面であると訴えています。だからこそ，どんな命も守られる平和を希求することに尊さがあるといっているのです。

　これは私の解釈ですので，正しいかどうか，作者の意図するところと同じかどうかはわかりません。人によっては，「動物愛護の問題だ」「戦争反対が主たる主張だ」と読む人もいると思います。あるいは，「平和の尊さ」を考えさせるために，あえて「命の選別」や「人間の傲慢さ」などを主題とする場合もあるでしょう。「動物愛護」を主題とするならば，毒殺や餓死されることの是非を取り上げるでしょうし，そもそも動物を動物園で飼育すること

の問題に視点をもたせることも可能です。「平和の尊さ」を主題とするならば、「命が大事にされる世の中でありたい」と思える授業展開にしなくてはなりません。

　何を主題とするかによって，授業展開は変わります。主題は何か検討し解釈することが，材を教材化する第一歩なのです。

2 　材の実力を見極める

　材の実力とは，その材だけで核に迫ることができる力があるかということです。材にその実力があれば，その作品にどっぷりつかった授業をすることができます。

　その力はあるけど，他の材と組み合わせた方がより効果が上がる，あるいは，他の材の力を借りなくては核に到達しないという場合は，他の材と組み合わせて授業をつくります。

　そのバリエーションを，次の４つに分類してみました。

○シングル型
　　一つの材だけでつくる
○コンビプレー型
　　複数の材を組み合わせてつくる
○サポート型
　　材とそれを補強する資料を組み合わせてつくる
○シャドウ型
　　材に裏方資料を補填してつくる

― 4　シングル型授業

　シングル型授業は，材一つでつくる授業です。授業のイメージは次の２点です。

・最初から最後まで一つの材で授業が進む。
・材から離れずに授業が行われる。

　漫才でいえばピン芸人，ドラえもんでいえば，「どこでもドア」だけがネタとして出てくる話，といえば伝わるでしょうか。主役は一つしかなく，教科書や副読本の読み物教材は，この発想でつくられたものが多いのではないかと分析しています。

　この型になる材の特徴は，材に考えるべき価値のある「問い」が隠されていることにあると考えています。表面的には「いい話だなぁ」「面白い記事だなぁ」という程度のものでも，深く読んでいくと生き方の本質につながる問題が隠されている場合です。

　例えば，「人に親切にすべきだ」という一般通念。しかし，これがいつでもどの場面でも是とはなりません。親切のつもりがお節介であったり，一方に親切にすれば一方を傷つけたりすることは，実生活の中ではよくあることです。

　一つの材で学習者がもっている価値を揺るがし，「それは本当か」と問い直させることができるのがシングル型授業に適した材。それを見抜くには，「この材の核は何か」を見取る眼力が必要です。

花さき山

D　主として生命や自然，崇高なものとの関わりに関すること【感動，畏敬の念】

使用する資料・教材

- 絵本『花さき山』
- 教科書（光村4年）の教材文

授業展開

導入

　本文を通読した後，絵本 p.21, 22を提示しながら

「花さき山には，誰のどんな花が咲いているでしょうか」

と問い，「村人が優しいことをしたら，一つ花が咲く」という中身について

考えさせます。

〔回答例〕

・お母さんの手伝いをした女の子のピンクの花

・おじいちゃんの肩をもんだ男の子の黄色の花

・隣のおばさんの看病をしたお母さんの紫の花　など

展開

❶　花さき山の花は，あややふたごの兄をはじめ，村の人の優しさが咲かせ
たのに，なぜあやだけが花さき山を見ることができたのかを問います。疑
問を投げかけるだけにとどめ，交流もさせません。

❷　絵本 p.11, 12を提示しながら，あやがそよに着物を譲ったときの気持ち
を考えていきます。

　文中の「しんぼうした」「せつなかった」という言葉を取り出し，次の
ように整理します。

> | しんぼう |
>
> つらいことや苦しいことをがまんすること。こらえ，忍ぶこと。
>
> 　　　　　　　　気持ちを抑えること◀─────┐
>
> | せつない |
>
> 悲しさや恋しさで，胸が締めつけられるようである，やりきれない，や
> るせない思い。
>
> 　　　└─────▶思いを晴らす方法がないこと

❸　「あやが抑えたいのは
どんな気持ちでしょう。
晴らしたいのはどんな気
持ちでしょう」と問い，
考えさせます。

あやの心の中をのぞいてみましょう。どんな思いや気持ちが書いてありますか？

交流してみましょう。

　そのまま文章で考えさせるより，吹き出しに書かせる方があやに気持ちを投影することができ，考えやすくなります。考えを交流しながら，あやにはそういう思いがあったけど，他の人にはなかったという前提をつくります。

❹　「なぜあやだけが見ることができたのか」という問題を再度投げかけた後，もう一度山に行くも花さき山や山ンばには会えなかったという展開を確認します。

> でも，もし，別な世界があったとしたら……。

と言い，自作の物語（次頁参照）を提示します。

そこであやは，また一人で山へ行ってみた。
　　　　　やはり，山ンばがいて，
「あや，おまえがさかせたのは……」
と言って，今度も赤い花を見せてくれた。
　　それからあやは……

「それからあやは……」に続く展開を考えさせ交流します。
　様々なお話ができていますので，できるだけ多くの子と交流させるとよいでしょう。あるいは，それぞれの物語の共通点を整理することで，「なぜあやだけが見ることができたか」という思考に向かうことも可能です。
〔例〕
・山ンばにほめられたくて，誰にでも優しくするようになった。
・そよやおっかあに親切にしたり手伝いをしたりするたびに，「今，わたしの花咲いたよね」とにんまりした。
・道に迷っている人を見つけたとき，「あ，助けたら花咲くかな？」と考えるようになった。

終末
　再度，「なぜ，あやだけが，花さき山を見ることができたのでしょう？」と問います。考えを書かせ交流させた後，『花さき山』の絵本を読んで授業を終えます。

※教科書では，一部改訂されたものが掲載されています（2019年1月現在）。絵の美しさや内容の深さに触れるという意味で，ぜひ，原作を読み聞かせることをおすすめします。

材についての解説
―「花さき山」（シングル型）―

材について

この話を読んだときに，なぜあやだけが花さき山を見ることができたのかという疑問を抱きました。それはきっと，他の村人たちにはない課題をあやが抱えていて，花さき山を見ること（正確にいえば，花さき山に咲く花の意味や，自分の花が咲いていることを知ったこと）によって解決されたと考えました。

再度出かけていっても花さき山にも山ンばにも出会えなかったけれど，あやの心は満たされています。花さき山に出合う前後のあやを，次のように整理してみました。

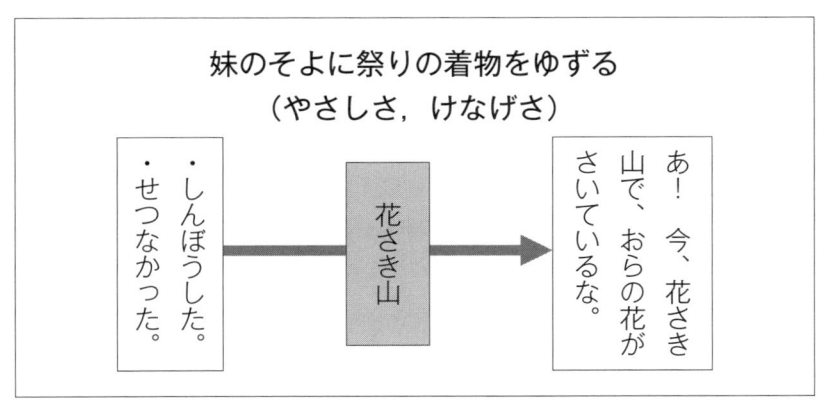

「しんぼう」とは，つらいことや苦しいことに耐え忍ぶこと，「せつない」とは，悲しみなどの強い感情で胸が締めつけられるような感じがすること，やるせないことです。「忍ぶ」とは気持ちを抑えることであり，「やるせない」とは思いを晴らす方法がなくてせつないという意味です（『ベネッセ　表現読解国語辞典』）。

つまり，花さき山に行くまでは，妹に着物を譲ったことを「仕方ない」と思っていながらも，その苦しさや悲しさはどうにも昇華できなかったという

ことです。「おっかあは，どんなに助かったか！　そよはどんなによろこんだか！」という文に鑑みると，あやの持っていき場のない苦しみや悲しみを真にわかってくれる人のいない哀しみもあったでしょう。

　しかし，花さき山に出合った後のあやは，つらいのを辛抱して自分のやりたいことをやらないことを受け入れることができます。それは，
「あ！」
という感嘆符（「！」は非常に感動したときに用いる記号）や
「さいているな」
の終助詞（ここでの「な」は念押しと解釈）に示されているように，自己肯定しています。かつては自己犠牲的であった思いが，「優しさと健気さで花が咲く」と思うことによって昇華させることができたと解釈しました。

　ちなみにここでいう「畏敬の念」とは，他者を思う気高い心を指していると考えています。あやのように，ぐっとしんぼうする健気な心こそが気高いのです。

シングル型の材

　『花さき山』は言わずと知れた名作。文学的完成度も高く，検討すべき点がちゃんと材の中にあります。さっと読むと，なんだかほんわかするいい話なのですが，解釈を経てから読み直すと，さらに胸に残るいい話なのです。

　花が咲くから優しくするのではなく，優しくするから花が咲くのです。人知れず優しい振る舞いができたとき，なんだか心が温かくなります。この材には，ぽっと心が温かくなることを自覚的にさせる力があります。お話の中にどっぷりつかることで機能する材であると考えます。

そんなつもりじゃなかったのに

4年生以上 シングル型

B　主として人との関わりに関すること【相互理解，寛容】

◀ 使用する資料・教材

- ワークシート
- 読み物教材（自作）

◀ 授業展開

導入 ....

　読み物教材（次頁参照）を提示し，人間関係とストーリーを把握させます。登場人物が5人と多いので，相関図を提示しながら確認するとよいでしょう。

さちこ
怒りを
ななかに話す

ななか
うっかり同意

よしこ
情報提供

るみ
役割忘れ・逆ギレ

かれん
同情・情報提供

卒業式を2か月後に控えた6年2組。学級会で話し合った結果，小学校の思い出に学級お別れ会を開こうということになりました。ゲームやセレモニーのほか，グループをつくってそれぞれが出し物をするという内容です。

　元気でリーダー格のさちこは，なかよしのななかと同じグループになりたいと考えました。結局，ななかとなかよしのかれん，るみとも同じグループになることになりました。4人で話し合った結果ダンスを発表することに決まり，ダンスを習っているるみが1週間後，みんなにおどりを教えることになりました。

　さて，1週間後の6時間目。早速ダンスの練習というときに，るみが気まずそうに言いました。

　「いやあ，すっかり忘れていて，ダンス覚えてないんだよね」

　さちこ，ななか，かれんは顔を見合わせました。気まずい空気が流れる中，かれんが

「じゃあさ，これからみんなでがんばって覚えよう。何て曲でおどることに決めたの？」

　「ごめん。それも決めてないんだよね……」

とるみ。なんとなく気まずいまま6時間目が終わりました。

　帰りの会が終わって，さちこがななかに言いました。

　「ねえ，るみ，無責任すぎない？」

　ななかは，確かに無責任だとは思いましたが，でも忘れてしまったのなら仕方ないとも思いました。それに，まだ準備の時間はたっぷりあります。それほど腹は立ちませんでした。そこに，グループのメンバーではないよしこが来ました。

　「ねえ，かれんから聞いたよ。るみ，サボってダンスの練習しなかったんだよね。ひどいね」

とよしこ。るみに腹を立てているさちこは，ここぞとばかりに文句を言います。過去にるみが掃除をサボったことや係の仕事をきちんとしなかったことまで持ち出して不満をぶちまけています。ななかは，過去のことは関係ないよなぁと思っていましたが，2人から同意を求められ，

「そうだよね。前からるみって無責任で自分勝手だって思ってた。調子に乗ってるよね」

と言ってしまいました。

　それを聞いたよしこは，かれんに

「さちことななか，めっちゃ怒ってたよ。るみって無責任で自分勝手だって」

と言いました。かれんも確かに腹は立っていましたが，そこまで言うことないんじゃないと思い，るみがかわいそうになりました。そこで一部始終をるみに伝えると，

「しょうがないじゃん，忘れてたんだから。さちこやななかだって，忘れることあるくせに！」

と激怒。4人の関係はこじれ，ダンスの発表どころではなくなってしまいました。

❶ この中で誰が一番よくないと思うかを考え，ワークシートに書かせます。
思考中は一切おしゃべり禁止にし，自分の考えで書くよう促します。

道徳ワークシート　（名前　　　　　　）　月　　日

●よくない，と思う順に並べましょう。

| よしこ | るみ | かれん | ななか | さちこ |

順位	名前	理由
1位 よくない		
2位		
3位		
4位		
5位 よい		

> 交流などを通して考えたことやわかったこと
> これから生かしていきたいこと

❷　まずは，ランキングの確認から。図のように板書し，それぞれの人数を挙手により確認します。

1位		5位	
さちこ	人	さちこ	人
ななか	人	ななか	人
かれん	人	かれん	人
るみ	人	るみ	人
よしこ	人	よしこ	人

　その後，1位と5位の人をA4サイズの白紙に大きく書かせます。それを頭上で掲げながら交流してみたい人とペアになり対話します。次々に相手を替えながら，できるだけたくさんの人と交流するよう促します。時間をたっぷりとり，じっくり意見交換させます。

❸　次に，全体交流を行います。1位と5位にランクづけた理由を交流します。特に，「自分は1位にしたのに，Aさんは5位にしている」というような場合は，取り上げて意見を比べるとよいでしょう。同じ事例でも人によって見解が異なること，正解があるわけではなく，どうすればよかったかという問題解決の方向に話合いが進むようナビゲートします。

終末 ··

　最後は，静かに自分と向き合う時間。ワークシートの下段に，本時の学習で考えたことや感じたことを書かせます。発表させたり意見を交流させたりはせずに授業を終えます。

材についての解説
― 「そんなつもりじゃなかったのに」 ―

材について

　この材と同様の事例はどこにでもあります。正論だけを通す，自分のことは棚に上げて批判ばかりする，関係ないのに問題に首を突っ込む，本心と違うのに同意する，その場の気分で口を出す。どれもトラブルの原因です。

　多くの女子はどれかに当てはまる要素をもっているのに，自分のことだと自覚することはなかなかできません。こうした材は，全体像を俯瞰し，「もしかしたら自分も」という視点で考えるきっかけづくりになります。

シングル型の材

　多くの女子は，暴力や暴言ではなく，無視や仲間はずし，嫌がらせという形で怒りを表現します。顔ではにこにこ笑っていかにも仲良しという体で，裏では陰湿ないじわるやいじめをします。決して大人にはばれないように。そうっと。女子の攻撃性が裏に隠れる背景には，大和撫子こそ女子の姿，女子は優しくてかわいいものという社会的イメージが大きく影響しています。

　2015年に話題となったP&Gの「#LikeAGirl」（映像作品）では，かつては「自分は自分」として生きていたのに，思春期を境に「女性らしい振る舞いをする自分」として生きなくてはならない窮屈さ，理不尽さが表現されています。世間が，時代が，社会が，あるいは自分がつくった女子像に女子自身が縛られ，「女子らしい」振る舞いをすることへの疑問を投げかけた作品です。

　この作品は，同時に，弱さ，可憐さ，かわいらしさなどを強調しなければ，異質と見なされることを示唆しています。だから女子は公の場ではあまり発言せず，飛び抜けないように「防御」します。怒りを感じても暴力や暴言で強さを主張せず，表面的には弱さを演じながら陰で怒りを発散するしかないのです。

しかし，「それが女子の世界で生きていく道」と主張する方もいるでしょう。あるいは，
「出ると打たれるから，目立つな」
「友だちと同じにしてもらうと安心」
と教える保護者もいます。そうした思想に女子は過度に護られ，責任の所在をはっきりさせなくても済む群れの中で生きるのが当然となります。人の顔色を伺い，人に同調することに命を懸け，必死に自分の居場所をつくります。多少自分の意にそぐわなくても一人で行動するくらいならみんなと同じ方がましと，自分の感性や思想より他人の動向を重んじます。他者に合わせて自分を変えるため，自分より他者が大事になり，自分とは何かということと向き合いません。自分でありながら自分として生きてはいないのです。

　男女に関係なく，自分は自分の人生を生きるしかありません。誰も人生を途中で代わってはくれません。今日考えたこと，感じたこと，体験したことすべてが未来の自分をつくります。日々積み上げてできた人生を生きるのは自分。同様に，人に合わせて感情を押し殺し嫌われないよう同調してつくった人生も，誰かが与えた人生ではなく，自分自身が選び取った人生なのです。

　女子だから仕方がない，女子だからこうすべきだという偏った狭い価値観の中で生きるな！という強い思いがあるからこそ，シングルで成立する材であると考えます。

― 5　コンビプレー型授業

　コンビプレー型授業は，複数の材を組み合わせてつくる授業です。並べ方を大きく2つに分類しました。

> ・類比の材を並べる。
> ・対比の材を並べる。

　他の材と組み合わせることによって理解や思考の深化や幅広化をねらいます。

　この型になる材の特徴は，魅力があることや考えてみたくなる課題があることは当然ですが，一つだけでは一面的，短絡的な思考や見方になる可能性があることです。漫才がボケと突っ込みで成立するように，あるいは対話で互いの魅力が引き出されるときのように，どちらの魅力も消すことなく相乗効果で理解を深めることを可能にします。

　基本的に，材に主従の関係はなく，どちらも同程度の課題を含んでいることが前提です。天秤に載せると針が微妙に揺れながら中心付近を指すほどの差異のものを提示することが，学習者の思考に揺れを生みます。

　あえて，矛盾を見せること，常識を否定的に見せることや非常識を肯定的に見せることで，価値を多面的・多角的に考えさせる効果があると考えています。矛盾や思考の反転を生むので，対話が生まれやすくなるともいえるでしょう。

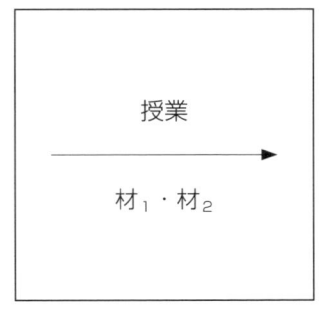

授業

材₁・材₂

※材は3つ以上の可能性もあります。

花さき山

D　主として生命や自然，崇高なものとの関わりに関すること【感動，畏敬の念】

◀ 使用する資料・教材

- 絵本『花さき山』
- 教科書（光村4年）の教材文
- ワークシート

◀ 授業展開

導入 ……………………………………………………………………………………………………

　本文を通読した後，絵本 p.21, 22を提示しながら

「ふもとの村の人間が，優しいことを一つすると，一つ花が咲く。この村は
どんな村なのか想像してみましょう」

と問います。

　子どもたちからは

「貧しい，あまり裕福ではない村」

「花が咲くから，優しい人がたくさんいる村」

「貧しくてもみんなで助け合っている村」

などの意見が出されます。

　次に，絵の中の黄色く大きな花を抜き出して提示し，この花は誰がどんな
ことをしたときに咲いたものかを想像し，交流します。ちなみに黄色く大き
な花にするのは，物語で扱われた赤と青の小さな花との差別化を図る意図が
あります。

　こうすることで，優しくて健気なのはあやだけではなく，たくさんの村人
が様々な優しい言動をしているという前提が出来上がります。材一つで授業
のフレームづくりを行いました。

❶ 「このお話を読んだ子たちが，私たちの花も咲きますかと聞いています」
と言いながら，スライドを提示していきます。2つ目の材である自作のエ
ピソードです。

子ども1

給食でお代わりをしようとしたら、大好物のラー
メンがあと少ししかなかった。
食べたかったけど、後ろに並んでいた友だちに
ゆずった。お母さんに言えばラーメンを食べに
連れて行ってもらえるし、また給食でラーメン
出るだろうから、がまんできるもん。

子ども2

学校に嵐の櫻井君が来ることになった！　この
クラスから代表1人が握手できる。わたしも立
候補しようかと思ったけど、みんなが手をあげ
てたからやめた。もしわたしなんかが代表にな
ってもうまくできないかもしれないし、櫻井君
も「何この変な子」って思うかもしれないしね。
みんなにゆずろうっと。

子ども3

公園でサッカーをしていたら、とまっていた車
にボールが当たってしまった。だれがあやまり
に行くかじゃんけんで決めた。ぼくは、ただ見
ていただけだけど、じゃんけんで負けたからあ
やまりに行くことになった。なんかおかしいと
思うけど、ぼくさえがまんすればすむんなら、
それでいいや。

子ども4

総合でグループ発表をすることになった。みん
なから、台本を書いてきてと言われた。でも習
い事もあるし、弟たちが小さいから落ち着いて
できないし、何より書くのが苦手だし。でもど
うしても断れなくって、わたしがすることにな
った。

子ども5

教室掃除が終わったと思ったら、ぞうきんバケ
ツが残ったまま。みんな、自分が行くのはいや
だから「お前行けよ」とか言い合っている。け
んかになったらめんどうだから、ごみすてに行
ったばかりだけどぼくが一人で行ってきた。

子ども6

ALT の先生が、カナダのめずらしいシールを
配ってくれた。好きなものを選んでいいよと言
われたけど、わたしが欲しいシールのところに
はなかよしの友だちでいっぱい。だれか1人抜
ければ数はぴったり。わたしがゆずったら、み
んなに「いい人だね」って思われるかなと思っ
て、わたしはちがうのにした。

❷　ワークシート（p.91参照）を配付します。

「なるほど，我慢したのですね」

「友だちに譲ったんだ」

などとコメントをし，6人の言動は，どれも優しいものであることを確認します。

　次に，「花は咲きますか，咲きませんか。咲くならば，どんな花が咲きますか。また，あやのように花を見ることはできますか」という問いに答える形でワークシート（次頁参照）に記入させます。

　子ども1〜6の隅にある四角に「咲く＝〇」「咲かない＝×」を書き，理由が書けそうであれば余白に書き込ませます。のちに交流することを告げておき，5分ほどおしゃべり禁止で個人思考の時間をとります。

❸　4人グループで交流です。統一見解を見出す必要はなく，あくまでも他者との考え方の違いを知り，考えを広げる時間とします。「ああ，なるほど」と思ったり，自分と正反対の考えだけれども参考になると思ったりしたものについては，下の枠囲みの中にメモさせていきます。

　時間があればワールドカフェなど，メンバーを替えて交流を行う活動を組み込むとよいでしょう。また，全体で考えをシェアすることで，「優しさ」の定義が広がります。あやの言動に立ち返って再考させるのも効果的です。

終末 ··

　最後に，優しさとは何かを問います。ワークシートの楕円の部分に考えを書かせて授業を終えます。

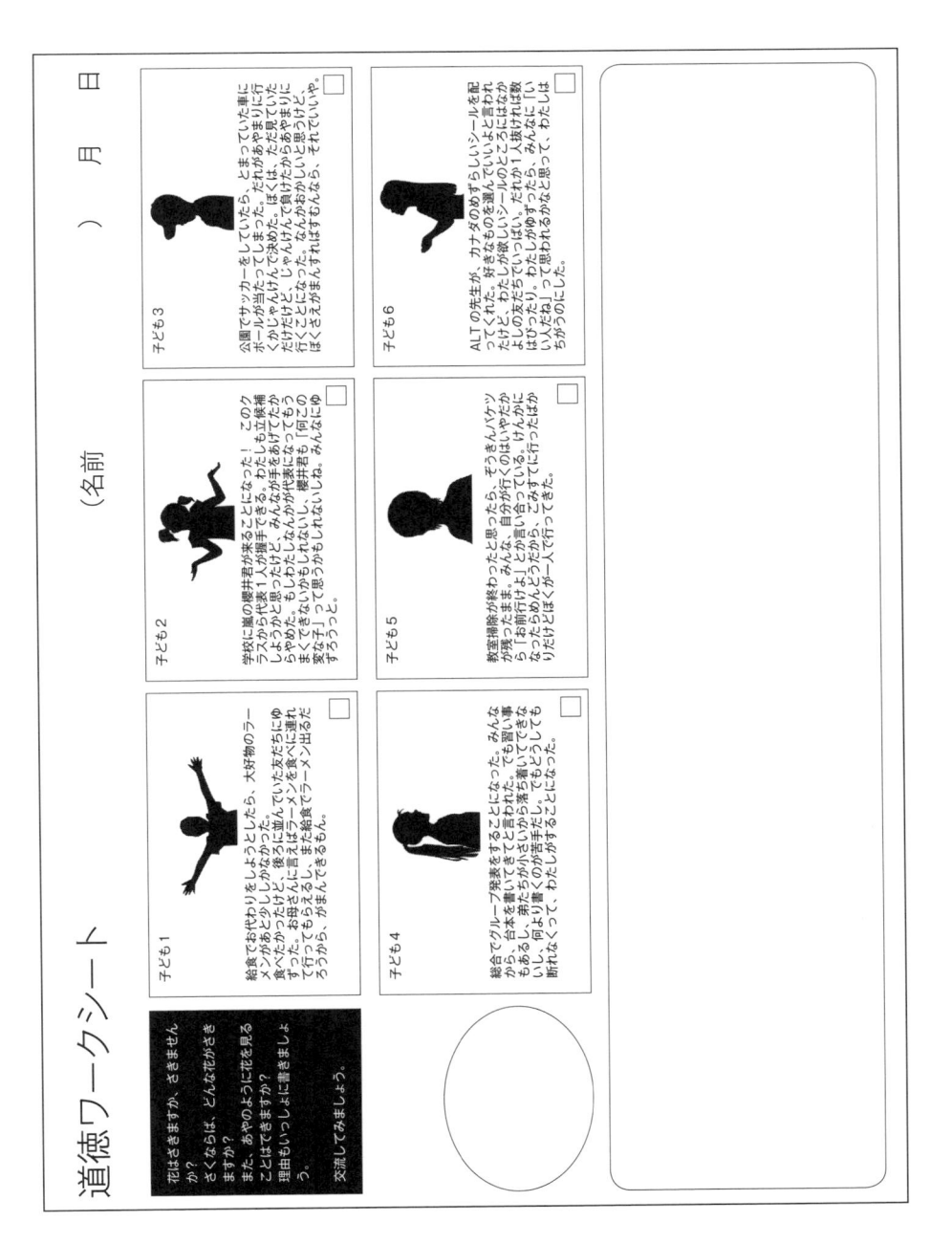

材についての解説
― 「花さき山」（コンビプレー型）―

✉ 材について

　前項（pp.79〜80）で材の解釈については述べましたので割愛します。ここで扱いたかったのは，「優しさと自己犠牲は違う」ということです。自己犠牲について考えることを通して「優しさとは何か」について考える試みの授業です。

✉ コンビを組む材

　「花さき山」だけで自己犠牲について考えるのは難しいと思いました。これ以上言葉だけを追えば「根拠のない文学授業」のようになってしまいます。よって，並べる材が必要となります。

　わざわざ材を並べなくても，「自己犠牲と優しさの違いは何ですか」と問えば済むのではとお考えになるかもしれません。

　しかし単刀直入に問うても思考は広がりません。子どもの中に自己犠牲という概念がなくては成立しませんし，仮にあったとしても個人の中にある狭い知識や視点でしか比べられないからです。よって，ここでは「自己犠牲と優しさの違いは何か」という思考を喚起する材が必要となるのです。

　並べる材はできるだけ絵本がよいと考えました。同じフィクションであること，絵が用いられていることで同じトーンで対比することができるからです。

　しかしながら，私はどうしても求めている内容の絵本を探すことができませんでした。そこで，フィクションであることだけは共通させ，絵本を断念し，自作の資料を材にすることにしました。

✉ 自作の材

　材のテーマは「自己犠牲」となると，自己犠牲を定義しなくてはなりませ

ん。私は心理学からアプローチしようと考えました。詳細は割愛しますが，自己犠牲をしてしまうのは

・断りきれない

・人から認められたい

・波風をたてたくない

・「私なんて……」という自信のなさ

などいくつかの心理的要因があるのだそうです。そこで私は，いくつかの心理的要因に鑑みたエピソードを検討することで，自己犠牲と優しさについて思考できると考えました。よって，例示されたエピソードは，すべて「自己犠牲」となります。つまり，「優しさ」ではないので「花は咲かない」という観点で作成したことになります。

　しかし，多くのエピソードについて子どもたちは「咲く」という判断をしました。しかも，子どもによって判断が異なり，結果はばらばら。

　「書いているうちにだんだんわからなくなってきた」

　「最後までやったら，最初○にしたのを×にしたくなった」

などの声や，

「それは，ふつう○でしょう⁉」

「えー‼　×でしょう⁉　信じられない」

と白熱して意見交流する姿が見られました。その議論が「優しさとは何か」について考えを深めることになったのです。

　材をエピソードにしたのは，子どもたちの身近な問題として考えやすく，自己投影させやすいからです。どれも子どもたちの生活にありがちなエピソードを作成し，共感を生みやすいものに加工しています。

　また，子どもは些細なことに判断を左右されます。好みやぱっと見の印象で判断させないように，男女の比を同じにすること，同じような文章量にすることなどが必要です。未知が既知になる，正誤の判断が難しくなるなど，次第に思考が深まっていくようにするため，判断が分かれにくいものから順に並べることも必要な配慮事項です。

6　サポート型授業

　サポート型授業は，メインとなる材を補強する形で違う材を使う授業です。メインの材から思考が離れることはないのですが，メイン材をより深く理解したりメイン材に潜む別の視点に気づかせたりするために使います。

- ・専門的資料（論文や新書に多く存在します）
- ・データ（ネットや専門誌，新聞など）
- ・ニュース（ネット，新聞，雑誌など）
- ・不特定多数の声（圧倒的にネットが便利）
- ・エピソード（読者の声，街角の声，マンガなども使えます）

　この型になるメイン材は，一つだけでも十分に実力を発揮することができる材です。一方，補強する側の材は，単独で授業をつくるだけの力はありません。コンビプレー型の材として使用することもできず，あくまでもわき役として存在します。なぜなら，この材自体に中心課題になりうるものがない（あるいは弱い）からです。

　お料理に例えるなら，パセリや青じそといった感じでしょうか。添え物がなくてもメインディッシュは成立しますが，これらがある方がぐっとお料理は引き立ちます。しかも，見た目がよいというだけではなく，パセリにも青じそにも栄養や独特の味わいがあることも忘れてはいけません。

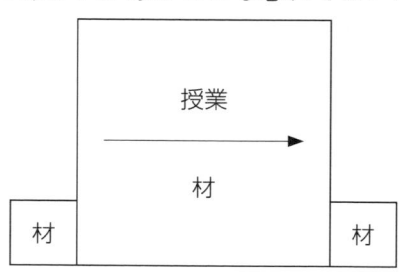

エルフィー

D　主として生命や自然，崇高なものとの関わりに関すること【生命の尊さ】

◀ 使用する資料・教材

- 絵本『ずーっと　ずっと　だいすきだよ』
- ワークシート（簡単に感想が書けるもの。掲載は割愛）

◀ 授業展開

導入⋯⋯⋯⋯⋯⋯⋯⋯⋯⋯⋯⋯⋯⋯⋯⋯⋯⋯⋯⋯⋯⋯⋯⋯⋯

　スライドを提示し，動物たちを寿命の長い順に並べるよう指示します。一人で考えた後，グループで交流。7位から順に予想しながら，全体で答え合わせをしていきます。

寿命が長い順に並べてみましょう。
シロナガスクジラ　ヒグマ　オオカミ
ハツカネズミ
イヌ　アフリカゾウ　イルカ

展開⋯⋯⋯⋯⋯⋯⋯⋯⋯⋯⋯⋯⋯⋯⋯⋯⋯⋯⋯⋯⋯⋯⋯⋯⋯

❶　次に，『ゾウの時間　ネズミの時間』の著者で生物学者の本川達雄氏の言葉を紹介します。

- 生物の寿命は体重と比例する。
- 普段私たちが使っている時計の時間は物理的時間であり，時は万物を平等に刻むと認識している。
- しかし，生物の体のサイズに応じて，違う時間の単位がある。これらを，「生理的時間」とよぶ。
- 「寿命÷心臓の鼓動時間」をすれば，どの哺乳類も，一生の間に心臓は20億回打つ。
- 「寿命÷呼吸する時間」をすれば，どの哺乳類も一生の間に約5億回吸

ったり吐いたりを繰り返す。

・つまり，物理的時間で測ればゾウはネズミより長生きといえるが，心臓の拍動を時計として考えるなら，ゾウもネズミも同じ長さだけ生きて死ぬことになる。

❷ 物理的時間でいうと寿命に差はあるけれど，生理的時間で考えると，どの生物も「生ききった（悔いなく生きた」）といえるのではないか，という本川氏の考えについて交流します。

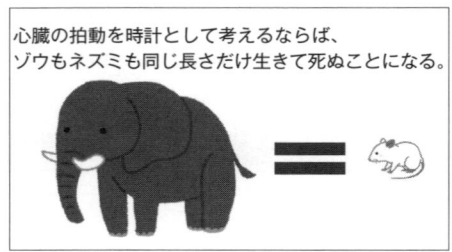

❸ 同じ回数呼吸したという点においては満足度は同じかもしれないことを確認したうえで，

「では，呼吸を5億回して，20億回鼓動さえすれば，悔いなく生きたと言えますか」

と問います。一人で考えさせた後，グループで考えを交流します。

終末 ⋯⋯⋯⋯⋯⋯⋯⋯⋯⋯⋯⋯⋯⋯⋯⋯⋯⋯⋯⋯⋯⋯⋯⋯⋯⋯⋯⋯⋯⋯⋯⋯⋯⋯⋯⋯⋯⋯⋯

❶ 絵本『ずーっと　ずっと　だいすきだよ』のスライドを流します。これは絵本をPDFに落とし，音楽に合わせてスライドをめくります。あえて音読することは避け，個人がそれぞれの世界観で絵本の世界に入り込めるようにします。ちなみに音楽は，グラズノフの「メディテイション」（江口有香／ヴァイオリン，藤田雅／ピアノ，アルバム『MEDITATION』より）を使用しました。

❷ 最後に「あなたが刻んでいる時間と誰かが刻んでいる時間は同じですか」と問い，ワークシートに感想を書かせて終わります。

材についての解説
― 「エルフィー」 ―

材について

　『ずーっと　ずっと　だいすきだよ』は，大好きな絵本の一冊です。いつか教材化したいと考えていましたが，読み聞かせる以上の効果を探せなくてずっと埋もれさせていました。

　これは，赤ちゃんのときからずっと一緒に大きくなったぼくと犬のエルフィーの物語。でも時間の経過とともにエルフィーだけが歳をとり死んでしまいます。家族みんながエルフィーを大事にしていたけれど，「すきだよ」と言ってやっていたのはぼくだけ。だから，ぼくはエルフィーが死んだときも
「ずーっと，だいすきだよってまいばんいってやっていたから，（ほかの家族の）みんなよりいくらかきもちがらくだった」
と言っています。

　限りある命の時間を大事な存在といかに過ごすかが幸せな人生を生きることにつながること，どう幸せに生きるかは自分が選択できること，幸せは一緒にいた時間だけに比例しないことを，この本は教えてくれています。

　本川氏の『ゾウの時間　ネズミの時間』を読んだとき，
「物理的時間でいうと寿命に差はあるけれど，生理的時間で考えると，どの生物も『生ききった（悔いなく生きた）』といえるのではないか」
というご主張に，はっとしました。

　確かに，呼吸，鼓動という視点で見れば「生きる」という現象は同じ。では，その中身は同じか？　心臓が動いていて呼吸をしてさえいれば，悔いなく生きたといえるのか？　そんな疑問を解決するのが『ずーっと　ずっと　だいすきだよ』ではないかと考えたのです。

サポート材をどう加工するか

『ずーっと　ずっと　だいすきだよ』はそのまま読むと，なんだかじんとくるいい話です。特に，動物好き（とりわけ犬好き）には言語化できない愛と哀しみを感じます。しかしそれは裏を返せば，動物嫌いやペットを飼ったことのない子にとっては一切入り込めない材ともいえます。そうなれば材の中心課題に触れることなく授業が終わってしまいます。

これは動物好きの人がペットとの別れについて考える物語ではなく，エルフィーとぼくの物語を通して生き方について考えるものです。よって，動物が好きか否かには関係なく，すべての子が「生まれてから死ぬまでの時間をいかに生きるか」という「生き方」に向かって思考するように授業は進まねばなりません。

『ゾウの時間　ネズミの時間』は中心課題に向かうためのクッション，あるいは，橋渡しの役割があるのです。これは新書ですから，内容もかなり専門的です。専門知識がなくても読むことは可能ですが，小学生にはかみ砕いて伝える必要があります。さらに，向かいたい中心課題に関連するものをかなり絞り込まなくては，授業で何を考えさせたいかがぶれます。

よって，「物理的時間と生理的時間」「呼吸と心臓の鼓動の数」という用語とデータ，「生理的時間で見ると物理的時間の長短にかかわらず生ききったといえるのでは」という筆者の主張を取り上げることにしました。そうすることによって「時間と命」「命（時間）の有用性」という切り口ができ，「時間の長さと悔いのない生き方は比例するか」という問いが成立するのです。

おふくろの味

B　主として人との関わりに関すること【感謝】

◀ 使用する資料・教材

• 読み物資料

◀ 授業展開

[導][入]..

❶　スライドを提示しながら問い，簡単に交流させます。次に，「おふくろ
の味ベスト10」の中に，何がランクインしているか予想させ，隣同士で対
話させます。

❷　10位から順におふくろの味をあげていき，1位が出たところで感想を交
流させます。好きな料理や家庭でよく食べるものなどを交流することが，
アイスブレイクにもなります。

[展][開]..

❶　おふくろの味に関する既婚男性へのアンケート結果を示しながら，何を
聞きまとめたものかを予想させ
ます。

　20代で多めなほかは，年代や
地域による差はさほど多くない
ことにも触れながら話題を進め
ます。

　交流後に，「あなたは妻に料
理を教えることはあります
か？」という質問への答えであ

■あなたは妻に料理を教えることはありますか？
(n=男性 408)

	ある	ない
全体	32.6	67.4
20代	45.8	54.2
30代	33.7	66.3
40代	28.0	72.0
50代	27.8	72.2
60代	29.6	70.4
東日本	33.2	66.8
西日本	32.0	68.0

0　　　　　　　　50　　　　　　　100 (%)

結婚した男性も，「妻の料理はおいしいが，おふくろ
の味も残したい」という思いで，奥さんに自分の「お
ふくろの味」を教える人も増えているのだとか。

ることを明かします。

　夫が教える料理は，かつて夫が食べてきた家庭の味。料理の味は母よりも妻の方がおいしいが，その一方で自分の母親の味を妻に伝えたいという複雑な思いも夫にはあることに触れ，感想を交流します。

　おふくろの味は大人になっても，結婚してもなお忘れられないもので，できればずっと食べたいと欲するものであることを確認しておきます。

❷　しかしながら，ネット上には「おふくろの味と同じにならない」という嘆きがたくさん上がっています。それらをいくつか紹介し，「おふくろの味はなぜ同じにならないか」について考えさせます。ここでは，「おふくろの味」とは，

・おふくろの味はおふくろにしか作れない。

・おふくろの味は，再現が難しい。

・だからこそ価値があるし，もう一度食べたいと願う。

ということを共有しておきます。

でも……。

・ポテトサラダ。どうやってもあの味を再現できない。
　　　　　　　　　　　　　　（男性／38歳／通信）
・野菜炒め。母さんしか出せない味。
　　　　　　　　　　　（男性／22歳／商社・卸）
・唐揚げ。簡単なのに，お母さんと同じ味が出せない。
　　　　　　　　　　　（女性／26歳／食品・飲料）

なかなか同じ味にならない……。

❸　次にスライドを示しながら，なぜおふくろの味は再現が難しいかを説明します。おふくろの味とは，地域や家庭の伝統といった独特の味付けだけを指すのではなく，そのときの空気感や匂いなどの記憶も含まれていることを話します。

「おふくろの味」は、個人や地域ごとの味の嗜好や素材の使い方などが反映されているため、味付けや調理法がそれぞれ違う場合が多々あります。よって、その家だけで受け継がれてきた調理法と味が「おふくろの味」として記憶されているのです。

〈おふくろの味〉

- 自分が幼い頃住んでいた地域独特の味
- 親から子へ受け継がれてきた，レシピにはない調理法や味付け
- 家族の好みに合わせた材料や調味料の調合のバランス
- お母さんが料理するときの情景，家庭の雰囲気などの記憶

❹　「では，料理が苦手なお母さんのおうちには，おふくろの味は存在しないのか」と尋ねます。ややデリケートな発問ですので配慮は必要ですが，差し支えのない範囲で考えを交流します。

　その後，プリント（ネット記事，次頁参照）を配付し黙読させます。読後は，静かに個人で感想を書かせます。

終末 ··

あなたが大人になったとき、どんなおふくろの味を思い出しそうですか？それは、どうしてですか。

　ワークシート（省略）に上記の問いについて書かせます。

　家庭生活や親子関係に関する授業のときは，様々な家庭環境が存在することに最大の配慮をしなくてはなりません。配慮しすぎるあまり核心に触れない授業になってはいけませんが，開示しにくいものについては，対話や交流を強要しないことが肝要です。

私の母は，料理が苦手です。だから，おふくろの味などありません。

　私が高校生の時，母がパート中に倒れた。あれよあれよという間に入院，脳にグレープフルーツぐらいの腫瘍が見つかった。

　手術が終わっても母は入院していた。術後の経過を見るためだと思っていたら，全身に腫瘍が転移してしまった。

　ほどなくして母は亡くなって，私は実感がないまま受験，上京してひとりぐらしをはじめた。自炊はそこそこしていたけれど，就活とゼミに疲れきってしまって，ご飯を炊くのも億劫になってしまったある日，スーパーで炊飯器に入れるだけの炊き込みご飯の素を見つけた。なんとなく買って，その日の晩御飯にした。

　炊き上がっていくご飯の匂いが，すごく懐かしい。

　家事が苦手だったお母さんが，よく買っていた炊き込みご飯の素だった。

　友達の，お母さんが作ってくれたお弁当がうらやましかった。

　晩御飯はいらないよ，とお母さんに連絡している彼氏が死ぬほどうらやましかった。

　泣きながら食べた。お母さんの味。もう二度と食べられることはないと思っていたけれど，こんなところで出会えた。

材についての解説
― 「おふくろの味」 ―

📧 材について

　家族愛の授業を行うとき，様々な配慮を要します。家庭環境や家族関係が多種多様になっていますから，「家族っていいね」「家族って大事だね」というポジティブメッセージだけでは成立しにくいと考えています。子どもが，家族（親子）関係がうまくいっていなかったり，家族から（とりわけ親から）大事にされていないと感じていたりする場合，こうした授業からは取り残されネガティブな感情だけを膨らませることになります。

　これは決して，ポジティブな家族愛の授業を批判しているのではありません。こうした子たちが一定数いるという前提に立ったとき，様々な配慮や工夫が必要だという主張です。「亡くなった母の味にこんなところで出会えるとは」というネット記事は，難しい家庭環境にある子も授業に向かわせる可能性を秘めた材であると思います。

　この材を際立たせるためには，「おふくろの味は忘れられない，忘れたくない唯一無二の味である」という前提に学習者を立たせなくてはなりません。そのために，

・関心を向けるためのランキング
・「そんなに忘れられないんだ」という概念形成のためのアンケート結果
・「おふくろの味とは同じにならない」という悩みとその理由解説
の材を並べました。

　とりわけ，夫が妻に母親の味を教えるというのは，それほどまでにおふくろの味は忘れ難いのかという気持ちにさせます。おふくろの味への思いを際立たせるよい材だと思います。

─ 7 シャドウ型授業

　シャドウ型授業は，表からは一つの材だけでできているように見えますが，裏で異なる材が支えている，補填している授業です。授業のイメージとしては，

> ・最初から最後まで一つの材で授業が進むように見える。
> ・材から離れずに授業が進むが，材の中には見えない問いや活動がある。

といったところです。

　メインとなる材は，メッセージ性はあるものの一つだけではあまりにもストレートすぎて多様性が担保できないもの，あるいはぼんやりしていてテーマがぼやけてしまうものなどの特徴があります。よって，材のテーマや中心課題を際立たせるための補填的な材が必要となります。

　材を補填するものは，授業の表に登場することはありません。出たとしてもあっさり扱われ，材の中身を考えたり検討したりすることはありません。メイン材に流れる思想として，あるいは BGM として存在します。授業ではメイン材が扱われていながら，補填的な材の思想をも学ぶ，そんな授業構成になります。

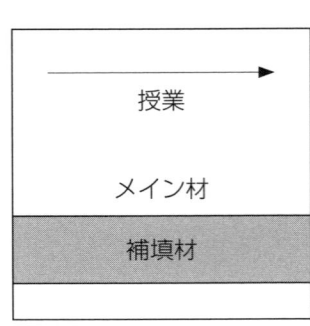

いのちのつかいかた

D　主として生命や自然，崇高なものとの関わりに関すること【生命の尊さ】

◀ **使用する資料・教材**

- 故・聖路加国際病院名誉院長の日野原重明氏の写真
- 絵本『ちいさなあなたへ』
- ワークシート

◀ **授業展開**

導入 ......

「みなさん，いのちを持っていますか」

と問い，持っているなら体のどこにあるかを尋ねます。対話ややりとりを経て，

「いのちは心臓にあると考える人がいますが，どう思いますか」

と再び投げかけます。

　心臓がないと人は生きてはいられないけれど，心臓は体の臓器に過ぎないことを話します。よって，いのちはあるのだけれど音楽や気持ちと同じように，目には見えないものであることを確認します。

　「では，いのちって何なのでしょう」と問い，隣同士で対話させます。

展開 ......

❶　日野原先生の写真（省略）と言葉を提示します。

> いのちとは、
> 「あなたが持っている時間」
> 「あなたが使える時間」
> のことです。

あなたは毎日、その時間を使って、眠ったり、食べたり、運動したり、バスケをやったり、宿題をしたりしています。

時間を使うこと、それはいのちを使うことなのです。

いのちも時間も目には見えないけれど、あなたはそれを持っていて使うことができます。

これから先、まだまだたくさん持っているあなたの時間は、あなたのいのちなのです。

そのいのちをあなたはどう使っていますか？

❷ 「昨日一日のいのちの使い方を，思い出してみましょう」
と言って，ワークシートを配ります。まずは前日の朝から寝るまでを思い出し，できるだけ詳しく何をしたかをワークシートの①に書かせます。スケジュール表のように枠を区切って線を引くとよいでしょう（例参照）。

きのうの　いのちのつかいかた

　　　　　　　　　年　組　名前（　　　　　　）

①昨日の朝起きてから寝るまでのことを思い出して書いてみよう。

朝　　　　　　　　　　　　　　　　　　　　　　　夜

②書いてみよう。

〔記入例〕

ごはん	着がえ	学　校	ゲーム	勉強	ごはん	テレビ	おふろ

❸　「あなたのいのちは，誰のために使われていましたか」

と問い，ワークシートの②に書かせます。多くの子は「自分」がほとんど
であり，他者の名はあまり登場しません。

あなたのために、いのちを使ってくれ
ている人に、どんな人がいるでしょう。

❹ 簡単に交流した後，全体でシェアします。家族，友だち，先生のほか，給食を作ってくださる方，野菜を育ててくださる方，というように，人が生存するためにたくさんの人の「いのち（時間）」がかかっていることを確認します。

❺ その中の一人にお母さんがいることを確認し，どのようにいのちを使ってくれているかに思いが馳せられるよう誘います。

終末

『ちいさなあなた』という絵本をスライドに取り込み，音楽とともに流します。それぞれの世界観に浸らせるために，あえて音読しないのは前述の通りです。

ちなみに私が選んだ音楽は，メンデルスゾーンの「歌の翼に」（作品34の2，ハイフェッツ／編曲，川畠成道／ヴァイオリン，ダニエル・ベン・ピエナール／ピアノ，アルバム『On Wings of Songs』より）。幸せで静かな日々から，人生の山，谷を経験し，静かに穏やかに終えていくというお話にぴったりです。

最後に感想を書かせて授業を終わります。

材についての解説
― 「いのちのつかいかた」 ―

📧 材について

　『ちいさなあなたへ』は大好きな絵本で，ずっと授業化したいと思っていた絵本の一つです。あまりにも素敵な絵本で，どこかを取り出したり内容を問うたりしたら絵本の世界観を壊してしまいそうで，どうにも手がつけられませんでした。

　また，「子に対する無償の愛」というメッセージも大変尊いものだとは思うのですが，家庭ではない学校という他者の大勢いる場で突きつけられると，照れくささや唐突感が否めません。違和感なく子の世界観に入っていくには……と悩みに悩んでいました。

　しばらくたって，日野原先生の『いのちのおはなし』に出合いました。瞬間，これだと思いました。母親が命を懸けて子を産むこと，命を削って子育てをすること（いずれも，犠牲的にそう思っているわけではないですが）と，「いのちはその人の持っている時間である」ということがぴったりはまりました。ここを結びつければ，母親の無償の愛を情緒的に押しつけるのではなく，時間という物理的なものを使って母親の偉大さを客観視できるのではないかと考えました。

📧 材の加工について

　日野原先生のご高著をたくさん読み，「いのちは時間である」という論を自分の中で咀嚼しました。そのまま絵本を使ってもよかったのですが，絵本同士の世界観が遠いこと，2冊続くことで授業が平坦になることが懸念されました。よって，「いのちは時間である」という思想をベースに授業をつくることにしました。

漂流郵便局

6年生
シャドウ型

A　主として自分自身に関すること【善悪の判断，自律，自由と責任】

- 自作動画
- 自作資料

導入 ……………………………………………………………………………

　自作動画を流します。画像はネットのフリー素材から落としたものを重ねました。音楽は久石譲氏作曲の「あの夏へ」（映画『千と千尋の神隠し』サントラより）を使用。読み物や教師の語りではなく，映像で場面設定と問題提起をする試みです。

　映像は，夜更けに一人思い悩み，夜明けが近づくとともに，思いを昇華する方法として手紙を書こうと思いつく，という設定です。画像のほとんどがモノクロ。少しずつ色を濃く（黒く）していくことで孤独感や閉塞感を表現しました。しかし，手紙を書くことを思いつく場面だけスライドを明るくし，問題解決の入り口にあることを示唆しました。

  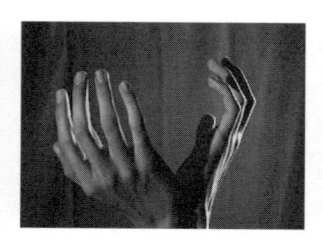

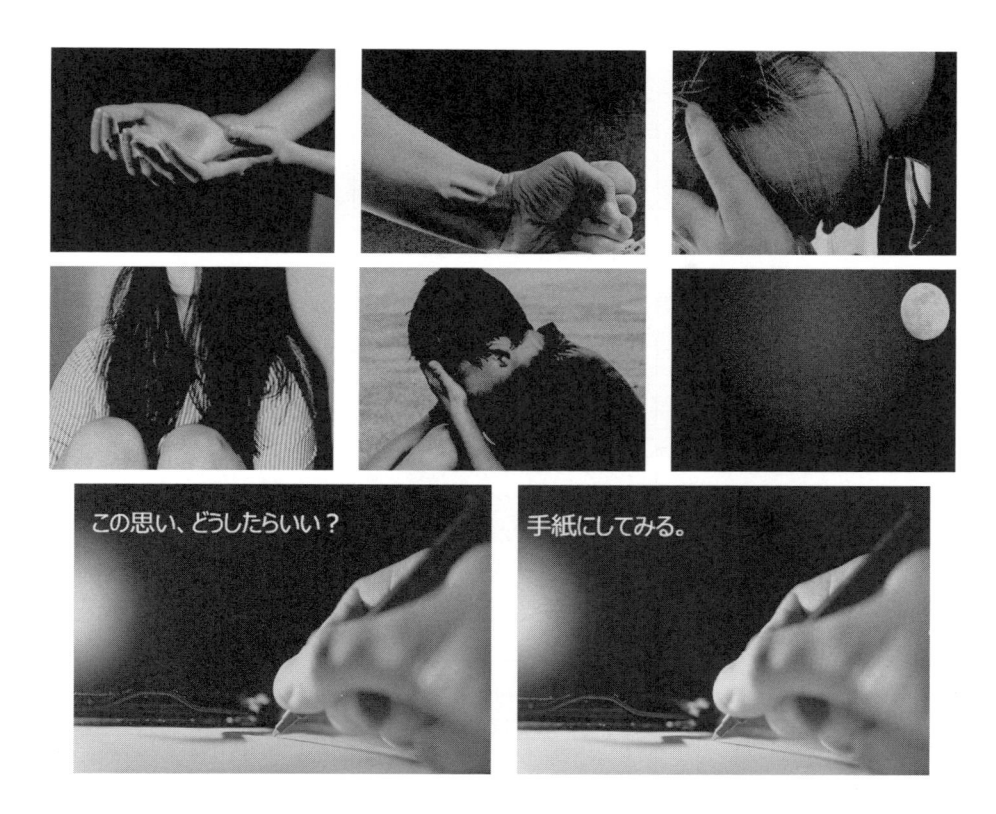

❶ 「あなたはこの手紙を出しますか？」

と問い，資料を配ります。資料（次頁参照）は，胸の内をしたためた一通の手紙。一つずつ封筒に入れ，一人ずつに配ります。

　手紙は12通り。できるだけ近くの人に同じものが渡らないよう気をつけて配付します。

　事前に

・指示があるまで開けないこと

・他の人とは中身が違うこと

を告げておきます。

（12通りの手紙。一枚ずつ切り取って封筒に入れる）

ユキへ

　あんたが転校してきてから，私の居場所がなくなったんだよ！　あんたが来る前は，私はみんなと楽しくやってたのに！　あんたが私の友だちとった。あんたなんか，転校してこなければよかったのに！あたしの友だち，とらないでよ！　どっか行ってよ！

おじいちゃんへ

　おじいちゃん，リレーの選手になったよ。おじいちゃんとの約束守ったよ！　だから見に来てよ。私が走るところ。空の上からじゃなくって，そばで見てよ！

カオちゃんへ

　「岡本のことなんか好きじゃない」って言ってたけど，本当は好きなんでしょ？　私のこと応援するって言ってるけど，ほんとは好きなんでしょ？

母ちゃんへ

　野球の試合の度に，応援に来てくれてありがとう。あんまり試合出られなくてごめん。それなのに，朝早く起きて弁当作ってくれてありがとう。母ちゃんの弁当，ホントうまいわ。

ユウジへ

　なんで！なんで！なんで！なんで！なんで！　なんで，あんたが受かって，私が落ちるの！　あんたの方が，いつも私より点数悪いじゃん！　なんでっ！

お母さんへ

　お母さん，どうして「おねえちゃんだから我慢しなさい」って言うの？　こうちゃんの方がかわいいの？私だってがんばっているのに。お母さんなんて大嫌い。

監督へ

　どうしてぼくはレギュラーじゃないんですか。毎日だれよりも声出して，まじめに練習してたのに。監督，なんでオレじゃダメなんですか。

ヤスシへ

　「どうせ，60点ぐらいだろ？」って，よくも言ってくれたな！　どうせおれは頭悪いよ！　ちょっと勉強できるからって威張るなや。むかつく！　前から嫌な奴だと思っていたけど，ほんとにお前，嫌な奴だな！

あっこへ

　あっこが後ろの席にいると，どきどきするんだけど。にやけて，こまるんだけど。

さっちゃんへ

　トイレに「さっちゃんきらい」って書いたの私なの。さっちゃん，ごめん。さっちゃんが先生にほめられたの見て，なんかくやしかった。さっちゃんはいつも私にやさしいのにね。ごめん。

25歳の自分へ

　今の自分は，ちょっと悩んでます。勉強が嫌いです。成績悪いです。だから，将来が心配です。25歳のぼくって，幸せですか？

ミーへ

　ミー，そっちで幸せ？楽しくやってる？　ミーがいなくなって，すごくさびしい。一度だけでいいから戻ってきて，私のひざにすわって。ねえ，お願い。帰ってきてよ。

❷　手紙を黙読させ，
・手紙を出すか，出さないか　・その理由
・出さないとすれば，手紙をどうするとよいか
について考えさせます。その後，自由に立ち歩き交流させます。

❸　手紙に書かれていた内容は，下記の通りです。
・過ち　・失敗　・嫉妬　・悪口　・黒い心
・絶望　・恋　・感謝　・告白
　言葉にして伝えた方がよいもの，伝えるべきであるもの，伝えてはいけないもの，伝えられないもの……。時に昇華できない感情をどうしたらよいか投げかけます。

終末 ……………………………………………………………………………………………………

　問いかけの答えとなるメッセージとして自作動画を流します。冒頭で流したものと同じく，画像はフリー素材から取ってつなげたもの。音楽は「いつも何度でも」（覚和歌子／作詞，木村弓／作曲，『千と千尋の神隠し』サントラより）。
　授業中は曲の解釈を促す指導言は一切与えず，じっくり動画の世界に浸らせます。

ここまでが曲の1番。悲しみや苦しみをかみしめながら前に進もうとする心性を表現しました。画像の色の濃淡を徐々に変化させたり，モノクロからカラーに変化させたりすることで心情の変化の表現を試みました。

　間奏（ハミング部分）でこのスライドを提示。漂流郵便局の画像です。

　2番から最後までの画像。苦悩から自力で立ち上がるような心性を表現しました。

　最後に活動はあえて入れず，しっとりと授業を終えます。

材についての解説
― 「漂流郵便局」 ―

材について

「漂流郵便局」は，同じ研究仲間の山下幸先生が授業化したものです。同教材で小学校教諭がつくるとどうなるかという試みで授業化しました。

漂流郵便局とは，香川県三豊市詫間町の粟島にある旧粟島郵便局舎を利用した，宛先不明の手紙が集まる「郵便局」です。2013年の瀬戸内国際芸術祭の作品の一つとして，芸術家である久保田沙耶さんが制作しました。日本郵便株式会社と関係はありませんが，故人や未来の子孫，思いを伝えることのできなかった初恋の人，自分，長年の愛用品など，届けたくても届けられない手紙が各地から届きます。書籍『漂流郵便局』（久保田沙耶著）にも，亡くなった人への思い，身近な存在への感謝の気持ち，恋心，自分に向けた思いなど，実に様々な手紙が載っていました。どれも自分の中にはとどめておけない，昇華しきれない感情です。どうにも自己処理できない感情を「手紙に書く」という方法を使って昇華していると解釈しました。

人は悲しみや苦しみから逃れることはできません。そして，それを誰も取り除いてはくれません。どんなことが人生に降りかかってきたとしても，自分が向き合い，自分で解決していくしかないのです。昇華の方法の一つとして漂流郵便局に手紙を出すという手段があるけれども，自分の人生は自分で歩くしかないんだよ，そんなメッセージがこめられていると私は読みました。

では，この材をいかに授業化しようかということですが，こんな素敵なところがあるよと紹介したいのではなく，私が扱いたいのはあくまでも「感情の昇華」。であれば，「漂流郵便局」を参考に，手紙を自作しようと思いつきました。

「幸せ報告」は極力排除し，昇華し難いものに焦点を絞りました。この授業の思想は「漂流郵便局」でありながら，授業で扱われるのはそのスピリッツだけという構造が出来上がりました。

📧 材の活かし方

「いつも何度でも」は，「昇華できない感情をどうすればいい？」という問いに向き合ってくれる曲だと思いました。とりわけ，

　海の彼方には　もう探さない
　輝くものは　いつもここに
　わたしのなかに　見つけられたから

という歌詞には，昇華しきれない思いは自分自身が受容するしかない，受容するには失敗も過ちも自分の欠点も「輝くもの」としてとらえることが必要だ，というメッセージが秘められていると解釈しました。

しかし，この曲をどう提示するかは悩みました。歌詞を配って中身を検討する……。これでは感情を頭で処理することになり，机上論，理想論となり自分から遠いものとなってしまいます。

歌詞つきで曲を流すという方法も考えました。しかしそうすると目線は歌詞を追い，歌詞の検討と同じように感情を思考で処理することになると考え，これも却下。結果，映画のラストシーンのように，歌詞や曲の中身を豊かに膨らませられるような動画を作成しようということになりました。感じることで感情処理を試みたということです。

ちなみに，このラストであるゆえ，冒頭も動画でそろえて問題提起をしました。『千と千尋の神隠し』のサントラから選曲したのも，似たような画像を選出したのも，ラストの動画と同じ世界観にするためなのです。

4

授業をつくる

── 1 授業はゴールからつくる

1 授業はゴールからつくる

　よい材が見つかったとき，すぐに授業化したい思いに駆られます。勢いでぱっと浮かんだ線路に沿って授業をつくりたくなります。道徳に限らず他の教科でも，よい材やよいとっかかりが見つかったときに，同じような思いを抱いたことがあるのではないでしょうか。

　こうしてつくり始めても，途中で頓挫することがほとんど。授業がすっと出来上がることは稀です。行き先も確認しないで電車に飛び乗るようなものですから，思いもよらぬ方向に進むのも然り。よって本来の着地点である場所に辿り着かない，同じような場所をぐるぐる巡るような現象が起きてしまうのです。そうならないためにも，まずは行き先を確認しましょう。よい材に出合って先にすべきことは，ゴールを定めることなのです。

　算数を例にします。「２×３」を学習する場面。あなたは，教科書の図より実物があった方が意欲喚起につながるし，実際の生活場面に根ざしていていいだろうと考えました。お店に行ったところ，ちょうど「２×３」の条件にぴったりの商品を見つけました。よし，これだ！と思い購入。導入でこれを見せると盛り上がるぞ，２つずつ数えたら２が３つで６，これが２×３だな。ん？　でも，どうやって２つの組をつくるのだ？　同じ種類同士か？それじゃあ，一度箱から出さなくてはならないぞ。せっかくきれいな箱に入ってるんだから，それはダメだ。並んでいる同士でいいのか？　箱を縦にすると「３×２」になるぞ。あれ……。となり，授業づくりが頓挫するのです。

　材の目新しさにばかり目が向き，「２×３」を教えるのに適した材かどうかの検討が抜け落ちたのが原因です。材が適しているかを判断するためには，

「2×3」の何を教えるかが明確でなくてはなりません。かけ算の意味を教えるのか，利便性を教えるのかによっても違います。本時の目標をしっかり規定したうえで，材の適・不適を検討し，いかに使うかの工夫がされなくてはならないのです。

2 ゴールとは何か

　ゴールとは，この授業で獲得させたい的です。目標と言い換えてもいいかもしれませんが，一般的にいわれるものよりもっともっと限定的です。主題といった方が適切です。イメージするなら，ライトが当たった「誠実」丸ごとがゴールなのではなく，ピンポイントでライトが当たっている「誠実の中の１点」がゴールなのです。

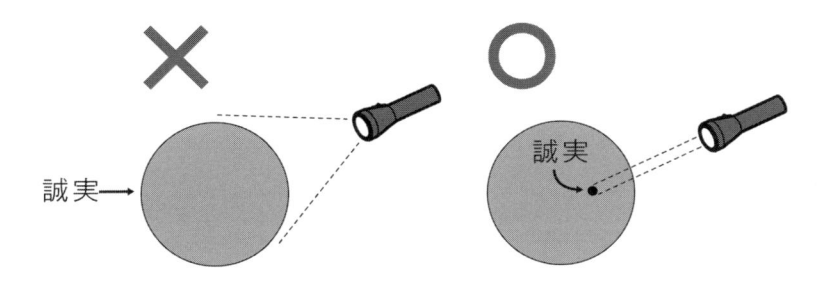

　ゴールは，価値項目に照らして「これは誠実」「こっちは家族愛」と当てはめるものではなく，材から探し出し焦点化したものです。「誠実とは自分に嘘をつかないこと」「誠実とは他人を幸せにすること」のように，明文化，焦点化できなくてはなりません。

　ゴールは見えるものではありません。探して見つけるものです。誰もが思いつく，ごく当たり前のことではなく，学習者が今までもっていなかった，あるいは意識化していなかったものでなければ，考えさせる価値はありません。「ああ，知らなかった」「考えたこともなかった」と新たな発見があるからこそ，学ぶ価値があるのです。だから，子どもが知らない，気づかないゴ

ールを材から見つけるために，教材解釈が必要なのです。ゴールを規定することは教材を解釈することであり，教材を解釈することは教師自身が新たな価値を発見することといってもよいでしょう。

　ゴールは授業の中心です。中心を最初に規定することは授業の最も大事な部分を外さないということ。ゴールさえ規定できれば，どんな入り口から入ってもどんな道を通ってもゴールに向かって歩くことができます。別な場所に辿り着くことはありません。

　また，ゴールを規定することで他が捨象されます。「あれもいいな」「これも使えそう」と授業に組み込みたくなる材も，「ゴールに向かうのに必要か」「ゴールへの道を阻害しないか」という視点で取捨選択することができます。結果，ゴールに向かうために必要なものだけが残り，筋の通ったすっきりした授業ができるのです。

　これは，「世界は変わる」という授業の最後のスライドです。この授業で考えたかったのは，「使う言葉がその人をつくる」という主題です。ゴールを規定しましたから，授業は言葉が中身をつくる面と，中身が言葉をつくる面に目が向くような構成にします。

　私は入り口を映画『東京物語』にし，原節子の言葉遣いの美しさ，優雅さを堪能できる時間をつくりました。その後，「窃盗→万引き」「大量殺戮→戦争」などのように，言い換えると罪の意識が軽く感じられるものについて考えさせ，「言葉遣いで人は変わる。同時に言葉がごまかしてしまう真実もある」というゴールへと誘いました。

─ 2　次は入り口をつくる

1　入り口はフレームをつくる

　ゴールが定まったら，次は入り口の規定です。学習者が全員入り口から入ってくれるような入り口を考えます。教師の独りよがりではいけませんし，恐ろしくマニアックなものでもいけません。誰もがすんなりと思考できる仕掛けが必要です。

　ちなみに入り口とは，何をとっかかりに授業を始めるかということであり，興味・関心をもたせたり，ゴールに思考を向けたりして学習のフレームをつくる役割があります。

　「家族」を扱う授業を例にします。いきなり「あなたにとって家族ってどんな存在ですか」と聞かれたら，すぐに答えられるでしょうか。どんな規模で答えたらよいか戸惑いはしないでしょうか。あるいは，家族についてあまり語りたくない子は，早々に離脱してしまうかもしれません。

　また，「家族は大事ですか」「家族はどんなことをしてくれますか」のように，プライベートなことを唐突に聞かれても答えにくいものです。気恥ずかしかったり照れ臭かったりして，まじめに考えられない子も出てくるかもしれません。

　こうした場合必要なのが，「ワンクッション置く」という意識です。「あなたにとって家族ってどんな存在ですか」と直接問うのではなく，活動や発問を通して考えさせるのです。

　例えばこんな工夫はどうでしょうか。右記の図に，お母さん，お父さん，お兄さん，ハリー（犬），隣のおばさん，ゆうちゃん（友だち）……など，思いつく限りの人を書き込

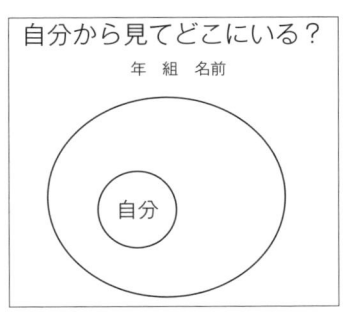

ませます。その際に，自分を起点にして関係性の近さを考えて書くようにさせます。この活動をさせることによって，自ずと家族との距離について考えることになります。

2 入り口は心理的距離を近づける

　入り口のもう一つの役割として，材と学習者の心理的距離を近づけることがあります。材と学習者の心理的距離が遠いほど入り口の工夫が必要です。

　例えば，こんな工夫はどうでしょう。これは，左利きの人，マイノリティを扱う授業の冒頭です。画像を一枚ずつ提示した後，

「これは，ある特定の人たちから"この世から消えてほしい"と思われているものです。ある特定の人とは，どんな人でしょう。そして，なぜ消えてほしいと思っているのでしょう」と問います。クイズ形式にすることによって，大部分の右利きの子たちも，興味をもって授業に参加することができます。

　もう一つ例を挙げます。これは，「大事なのは心」と言いながらも，実際には顔で判断されることの不条理を扱った授業の冒頭です。

　冒頭では「美人は得」という前提をリアルにつくり上げます。多くの人が内心思っていることを発散させ，

> **整形アイドル・轟ちゃんの主張**
> ・顔がきれいじゃないとできないことがある。
> ・私が一生懸命歌って踊っても、みんな「顔」しか見ない。
> ・顔がかわいくなかったら、ネットにすぐに顔の批判が書かれる。
> ・顔がもっときれいなら、もっと自分に自信がもてたのに。
> ・美人に生まれたかった。美人はずるい！

材と学習者を近づけます。これは，後半，事故で顔を失い差別を受けた方の「大事なのは顔ではない。心だ」との主張と対比させるためのフレームづくりとしても機能します。

― 3　通り道を決める

1　どの道を選ぶか決める

　どの道を，どんな方法でゴールに向かうかを考えます。

　「どの道を選ぶか」とは，どういう思考を積み重ねさせるかということで
す。思考の飛躍がないように，確実に
ゴールに辿り着ける道を選ばねばなり
ません。かといって，わかりきったこ
とばかりを尋ねていても，わくわくす
る授業にはなりません。論を積み上げ
ながら，学習者からはゴールが見えな
い道を探します。

2　交通手段を決める

　「交通手段」とは，どんな活動や指導言を組み込むかということです。「方
法」と言い換えてもよいでしょう。活動であれば，対話なのか，個人思考な
のか，ワークシートに書かせるのか，ロールプレイをするのか，指導言であ
れば，説明なのか，指示なのか，発問なのか，確認なのかを考えます。

　「ゴールに向かう」というただ一点の目標に邁進するのに最適な方法を設
定することを絶対にはずしてはいけません。「盛り上がりそうだからロール
プレイをしよう」「ワールドカフェをしてみよう」なんて軽い気持ちで決め
ると，「活動あって学びなし」の学習になってしまいます。手段は確実にゴ
ールに向かうための必須条件であることを忘れてはいけないのです。

では，実際の授業をどのようにつくったかを解説します。

6年生

クイール

D　主として生命や自然，崇高なものとの関わりに関すること【よりよく生きる喜び】

材について

『クイール』という盲導犬物語（『盲導犬クイールの一生』文藝春秋）。クイールが生まれてから死ぬまでの一生を描いた物語で，映画化もされました。盲導犬がどのように育てられ，訓練され，盲導犬として働くか，どのような最期を迎えるかという内容です。

ゴールの規定

これは盲導犬物語ですから，一般的にはゴールは「自然愛護（この場合は低・中学年）」「生命の尊さ」「勤労，公共の精神」が妥当なのではないかと思います。あるいは，盲導犬＝福祉ととらえると「公正，公平，社会主義」としての授業も成立するかもしれません。動物の命も大事にしましょう，盲導犬の働きを知りましょう，盲導犬を連れている人に配慮をしましょうという授業がつくれそうです。しかし私がクイールから受け取ったものは違いました。

クイールは，育ての親の水戸さん，パピーウォーカーだった仁井さん，盲導犬訓練士の多和田さん，盲導犬として仕えた渡辺さんと暮らしました。渡辺さんが亡くなった後には，また訓練所に戻り，最期は仁井さんのところで一生を終えました。クイールの人生（犬生？）には出会いと別れが繰り返し訪れました。でもクイールは静かにそれを受け入れ，そのときに出会った人を信頼し生きているように見えました。

クイールの人生を人間に置き換えても同じことがいえるのではないでしょうか。出会いと別れは誰にでも訪れ，誰にも避けることができないもの。それをいかに受け入れるかは生き方そのものであり，出会いと別れが人をつくるといっても過言ではないのではないでしょうか。そんな解釈から，この授業のゴールは

> よりよい生き方とは，出会いと別れを受け入れ，今を納得して生きていくこと

と規定し，最後のスライドを作成しました。

繰り返し訪れる 出会いと別れ	きっとこれから あなたも経験する、 たくさんの 出会いと別れ	出会いと別れは、 どんなあなたを つくるのでしょうか。

　この3枚のスライドには，クイールがじっと前を見つめている写真をあわせて使いました。何かを決意しているかのような，あるいは，何かを静観しているかのような表情のクイールです。自分の人生を受け入れすべてを糧に生きているかに見えるクイールを象徴しているように感じ，選んだ写真です。
　スライドをすべて提示した後も，最後の問いを教師は示しません。子どもに答えを求めたり明確にさせようとしたりもしません。何も語らず，何も答えさせず。子ども一人一人の中に問いを残して授業を終えます。
　こうした終末に賛否両論はあるでしょう。教師が答えを示すべきだ，子どもの中に答えが生まれないのであれば学習の価値はないという考えを全面否定するつもりはありません。しかし，出会いや別れとの向き合い方は人それぞれですし，どう昇華するかも人それぞれです。自分で歩くためには，答えは自分で見つけなくてはならないのです。
　自分はどう生きるのか，出会いと別れをいかに自分の人生に取り入れるの

かを考え続けることこそが「生きる」ということだと私は考えます。よって，この授業では答えを示したり押しつけたりするのではなく，問いを示すにとどめたのです。

入り口の規定

　子どもたちの中には，犬嫌いな子もいます。盲導犬に興味がない子はもっともっといるでしょう。そうした子たちにいきなり盲導犬について語っても興味を喚起することはできません。犬ってかわいい，盲導犬ってすごいといった感情ではなく，客観的視点で思考できるような入り口を考えました。

　『クイールはもうどう犬になった』（ひさかたチャイルド）の中から，初対面の渡辺さんにクイールが顔を寄せている写真を提示します。白杖が見えないように切り取っていますので，この時点でクイールが盲導犬であることは推察しづらいでしょう。渡辺さんの顔に至近距離で顔を寄せるクイールは，穏やかでなんともいえない優しい表情。初対面にもかかわらず，クイールは渡辺さんに好意を寄せているのがよく伝わってくる写真です。

　授業では事情や関係性を伏せたまま写真を見せ，どんなことに気づいたり感じたりするかを尋ねます。概ね「仲が良さそうだ」「長い時間一緒にいるのだろう」「お互いが大好き」などの考えが返ってきます。しかしその予想は大はずれ。これが最初の出会いであることを知り，子どもたちは驚きます。さらに驚きに追い打ちをかけるべく，犬の習性を説明します。

> 　犬は，自分のテリトリーに近づくものを警戒し，見知らぬ人や他の動物がテリトリーに入ろうとするとそれを守ろうとして，吠えたり噛みついたりすることがあります。ですから気心の知れない犬に近づくときは注意しなくてはなりません。

　子どもたちは不思議がります。初対面であるにもかかわらず，この犬はなぜおじさんにこんなに近づけるのかという疑問が湧きます。その理由を考え

てみたくなります。「初対面なのに距離が近い→犬の習性からするとおかしい」という矛盾で思考が喚起されるのです。

　全員が「なぜ」を考えてみたいと思えれば，犬嫌いな子や盲導犬に興味がない子も授業の入り口に立たせることができます。材に対する思考喚起ができたところで，写真の全体像を提示します。渡辺さんが白杖を持っていること，クイールは顔だけではなく体も渡辺さんに近づけていることがわかり，クイールが盲導犬であることに思い至ります。盲導犬は目が見えない人を助けて働く犬であることを伝えます。

通り道の規定

❶1つ目の通り道

　さて，「今日は盲導犬の学習だ」という入り口に立ちました。次に必要なのは，盲導犬とは何ぞや？を知ることです。初対面であれだけ人に近寄れるのは，盲導犬ならではの秘密がありそうだと子どもは考えます。その謎を解明する形で，スライドを見せていきます。盲導犬と学習者との距離をさらに縮めるのが最初の通り道の役割です。

　まずは，どんな犬が盲導犬になるか知っているかを訊きます。「優秀な犬」「賢い犬」「特別な犬」などの予想が返ってきます。そこで，スライドを示しながら，盲導犬に向く犬種や資質があることを説明します。

●盲導犬に向く犬種がある。 →ラブラドールなどのレトリバー。 　・人の言うことをよく聞き，人懐こい性格である。また，落ち着きがあり仕事が好きで，環境の変化にも慣れやすい。 　・人と同じ速度で歩き，人を誘導するのにちょうどいい大きさである。 ●盲導犬の多くは，両親が盲導犬である。 　・気質や資質の遺伝（血統）。	**盲導犬に求められる資質** 🐾🐾 ・自己抑制能力 　興味があるものに出会っても，興奮して暴れたりすぐに吠えたりせず，我慢することができる。いつでも自分の役割を最優先し，場に応じた振る舞いができる。 ・環境順応力・適応力 　初めての場所でも慌てたり怖がったりせず，落ち着いて行動できる。パートナーに従順である一方，危険を察知したらパートナーの指示に従わないといったことも大切な資質。 ・積極的，好奇心 　パートナーと行動を共にすることを喜びとし，盲導犬としての仕事を楽しむことができる。

　犬種や資質の条件をクリアした犬は，約1年間特別な訓練を受けること，訓練を受けるだけではなく，その間行われるいくつものテストに合格した犬

だけが盲導犬として働くことも伝えます。ここでは言葉の説明だけではなく，実際に訓練している画像を見せながら話すと伝わりやすくなります。

　説明後，冒頭の渡辺さんとクイールが顔を近づけ合っている画像を提示しながら，次の言葉を投げかけます。

> クイールが初めて会う人にこんなに近づくことができるのは，
> 盲導犬として訓練されたからなのでしょうか？

❷2つ目の通り道

①では，盲導犬になる前のクイールを見てみましょう。
　（画像は『クイールはもうどう犬になった』の表紙を使用）
②1986年6月25日。クイールは，東京の水戸さんのおうちで4匹の兄弟と一緒に生まれました。
　（生まれたてのクイール。ふにゃふにゃの体をお母さんに預けきって寝ている画像）
③（お母さんに見つめられているシーン，丸々とした脚をさらけ出し兄弟たちと何かに群がっているシーン，大きなあくびをしているシーン，みんなでお母さんのおっぱいを吸っているシーン。どれも愛らしくてたまらない）
④朝5時から離乳食づくり。お肉を小さくちぎって手のひらから食べさせます。昼間は家中駆け回る子犬たちの遊び相手。水戸さんが抱き上げると，顔をぺろぺろなめてきます。こうしてクイールは，ぐんぐん大きくなっていきました。
　（台所でご飯の準備をする水戸さんを，子犬たちが見上げている画像。「早く〜」「まだ〜？」「おなかすいたよう」そんな声が聞こえてきそうな一枚）
⑤お母さんに甘えるクイール。

（お母さんの頭に自分の頭をくっつけて横になるクイール。母子の愛が痛いほど伝わってくる画像）

⑥クイールが生まれてから43日目。お別れのときがやってきました。盲導犬になる子犬を育てる人に預けられるのです。

（陽だまりにたたずむクイール。この頃になると，ずいぶん体が大きくなり犬らしくなっている）

⑦別れのとき。抱き上げると，クイールは顔をぺろぺろなめてきました。水戸さんは，何度も何度もクイールに
「元気でね。がんばってね」
と話しかけました。

（じっと見つめるクイール。写真には写っていないが，視線の先にはきっと水戸さんがいるのだろう。これまでの甘えきった表情とは違い，どこか寂しげな表情）

⑧京都の仁井さん。クイールの新しい家族。

（仁井のおじさんに抱かれるクイール。くたっとして，疲れている様子。どこか不安げな表情。でも，仁井さんはとっても嬉しそうにクイールを抱いている）

⑨仁井さんは，何があってもクイールを叱りませんでした。

（仁井のおばさんの足先をテーブルの下からじっと見つめるクイール）

⑩かわいくてかわいくて，本当の子どものようにいつも話しかけました。

（背伸びしたクイールに顔を寄せる仁井のおばさん。大事なものを抱くようにクイールの体を持っている。とっても優しい表情）

⑪クイールのやんちゃな姿に大笑い。

（高い塀から体を乗り出すクイール。「どんなもんだい！」とでもいうような得意顔）

⑫いつでも，どこでも一緒。

（テーブルの下で寝っ転がるクイール。おばさんがクイールの首をなで，おじさんは嬉しそうにそれをのぞき込むような姿勢で見ている。

クイールはすっかり安心して体を任せている）

⑬（散歩に出かけて，他の犬とじゃれる様子。ベンチに座った二人を嬉しそうに見上げる様子。おじさんと一緒に森や公園を散歩する嬉しそうな様子。４枚の画像を言葉の解説なしに提示）

⑭「あれが鳥だよ」「ほら，桜が咲いているよ。きれいだね」

（まるでわが子に話しかけるような仁井のおじさん。クイールは嬉しそうに仁井さんが見つめる方を見上げている）

⑮訓練センターに行く日がやってきました。お別れの日。いつもよりちょっぴり長いお散歩。

（仁井さんご夫婦とクイール。森を歩く。残された時間を惜しむような姿）

⑯二人が乗ってこないのが不思議だったのか，不安そうな表情のクイール。寂しそうに「クーン」と鼻を鳴らしました。

（訓練センターの車に乗せられているクイール。仁井さんご夫婦は，クイールに何かを話しかけているよう。おばさんに首をなでられてもなお，寂しそうな表情のクイール）

⑰クイールは，いつまでも二人から目を離しませんでした。

（車のバックウインドウから，手を振る仁井さんご夫婦を見つめるクイール。後ろ向きで表情は見えないが，肩が落ち，実に寂しそう）

　子どもの思考がゴールに向かうためには，「クイールは愛情をたっぷり受けて育った」「だからこそ，別れもつらかった」という前提をつくらなくてはなりません。よって，選ばれた画像やエピソードは前提づくりに必要なものだけを取り出しています。

　ここからは訓練所での様子です。多和田さんの愛情こもった訓練により，クイールが訓練所に次第に慣れていく様子を取り出して作成しました。

①盲導犬訓練センターに到着。いよいよ訓練開始。

　（訓練士の多和田さんに手を持たれるも，体を起こそうとしないクイール。表情が硬く，不安がっているのが見て取れる）

②訓練初日。クイールは「いやだ」とばかりに後ずさりし，頑として動かない。

　（リードを引っ張られるも，地面に座り込むように抵抗するクイール）

③でも，少しずつ，多和田さんとのトレーニングに慣れていく。

　（お座りをして，多和田さんの手に自分の手を乗せるクイール。表情は引き締まっている）

④「ほら，クイール！　来い！」

　（多和田さんにお腹を向け，じゃれるクイール。表情も和やかで笑っているよう）

⑤「クイール！　グッド！」

　（多和田さんに向かって走っていくクイール。多和田さんは満面の笑み。多和田さんの指示に従えて嬉しそうなクイール。首元をなでられて満足げ）

⑥「ウエイト（待て），クイール」

　（踏切の前で多和田さんに訓練を受けているクイール。まっすぐ前を向いて堂々とした姿）

⑦「よし！　いいぞ！　クイール！」

　「これでいいんだよね？」と得意げに多和田さんを見上げるクイール。

　（満面の笑みのクイール。じっと多和田さんを見つめるクイールの写真にも多和田さんとクイールの間に信頼が生まれていることが表れている。クイールは多和田さんが大好きだということが表情から伝わってくる）

⑧（クイールを後ろから抱き締める多和田さん。クイールはなんとも言えぬ表情。すっかり安心しきっている様子）

❸3つ目の通り道

渡辺さんとの写真を提示しながら次のように問います。

> クイールが初めて会う人にこんなに近づくことができるのは，
> 盲導犬として訓練されたから。
>
> だけですか？

　初対面の人に警戒心を抱くことなくこんなに近寄れたのは，資質や訓練の
せいだけではありません。これまでクイールに関わった人たちが，惜しみな
くクイールに愛情を注いできたからです。人を信頼すること，愛されること
をクイールは知っていたからです。そうした解釈に基づき，次のスライドを
提示します。

クイールの人生にいつもあったもの
・お母さんや兄弟たち
・最初の飼い主の水戸さん ｝ 出会いと別れ
・1歳まで育ててくれた仁井さん
・訓練士の多和田さん

　この道の役割は，クイールの人生には「出会った人たちの愛情に支えられ
てきた」というポジティブな側面と，「別れ」というネガティブな側面の両
方があったことを共有することです。この視点を与えておくことで，次の展
開の見方が定まります。

❹4つ目の通り道

　いよいよゴールに向かう最終の道です。クイールが，さらに訪れる出会い
と別れに悲しみながらも穏やかに最期を迎える様をまとめました。

①そして，おじさんとの出会い。

（渡辺さんが，大事そうにクイールをなでているシーン。クイールの表情はとても穏やか）

②おじさんとともに生きていく。

（椅子に座って食事をする渡辺さんの足もとにたたずむクイール。床にべったり顔をつけてなんとも幸せそう）

③（言葉なしの画像３枚。バスのつり革につかまる渡辺さんと，その横に座っているクイール。階段を下りる渡辺さんの足もとを心配そうに見つめながら歩くクイール。雨の中を傘を差した渡辺さんの横をぴったりついて歩くクイール。どの写真からも，渡辺さんへの信頼と思いが溢れている）

④「クイール，ありがとな」

（道端の塀に腰掛ける渡辺さんの足の下で休むクイール。じっと渡辺さんを見上げるクイール。まっすぐで温かい瞳に心打たれる）

⑤おじさんが入院。二人の時間はたった２年間だった。

（渡辺さんの足に顔をくっつけて座るクイール。黒目がちな瞳が涙で濡れているように私には見える）

⑥「最後に，どうしてもクイールに会いたかった」

（久しぶりの再会。渡辺さんに飛び乗り，顔をなめるクイール。渡辺さんもしっかりクイールを抱きしめている）

⑦「きっと，もう会えないことをクイールもわかっていたんだろうな」

（渡辺さんの脚をしっかり抱き締めるクイール。表情から，クイールの寂しさ，悲しさが伝わってくるよう。別れを惜しむひと時の一枚）

⑧おじさんが亡くなった後，クイールは再び訓練センターに戻りました。

（訓練センター内を歩く様子）

⑨盲導犬を広めるデモンストレーション犬として活躍。

（体育館で活躍する様子）

⑩ある日。クイールは見つけました。1歳まで育ててくれた仁井さんたちの姿を。でも。クイールはじっと動きません。仁井さんたちも動きません。

（訓練士の足もとでじっとして待つクイール）

⑪仁井さんたちは考えました。また，クイールと暮らしたいと。

（庭でくつろぐクイール。小さなサッカーボールがおなかのあたりに転がっている）

⑫10年ぶりの仁井さん宅での暮らし。5歳のファンタとも仲良し。

（みんなで散歩している様子。仁井さんご夫婦は嬉しそう。2匹の犬も穏やかな表情）

⑬あれから10年。クイールはすっかり歳をとっていました。

（横たわるクイール。目に力がなく，無表情）

⑭「天国にいったら，仁井クイールですと言うんやで‼」

（横たわるクイールを脚に乗せ，おなかを抱える仁井さん。その背後から心配そうにファンタが見つめる。クイールは仁井さんに体を預け遠くを見つめている）

⑮クイールの最後の別れは，1998年7月20日午後2時46分。享年12歳と25日。

（ぐったり寝そべっているクイールの顔のアップ。目にも表情にも力がないにもかかわらず，穏やか。おそらく，亡くなる数日前の写真だろう）

　最後のスライドは，クイールが静かに死んでいく場面です。最後の最後まで仁井さん夫婦に愛され，満足しているような表情を浮かべているように私には見えます。クイールが本当にそう思ったかどうかはわかりません。確かめる術もありません。でも何度か書いているように，この授業は「クイールという盲導犬」を教えるのではありません。この材を媒体とし，自分の生き方に投影し，人間の生き方について考えることを教えるのです。

その後は，「繰り返し訪れる出会いと別れ。きっとこれからあなたも経験する，たくさんの出会いと別れ。出会いと別れは，どんなあなたをつくるのでしょうか」というスライドを見せ，静かに学習を終えます。

◀ **授業ができたら**

　何度も見直すことが必要です。見直す観点は
・授業がすんなりとゴールに向かっているか。
の一点です。これは，物理的視点と思考的視点の両方からチェックします。物理的視点とは，文字や画像が小さくて見えなかったり，文章や言葉がおかしかったり間違っていたりしないかという視点。せっかくよい授業をつくっても，物理的な不備不足があれば思考が途切れてしまいます。本質と関係ないところでつまずけば，その後ゴールまで学習者を連れていくことはできません。動画をつくる場合は，画面が変わる速度が適切か，文字数は適切か，よく見えるかという視点での見直しが不可欠です。

　思考的視点とは，負荷なく思考が流れるかという視点です。特に次の視点で授業を見直すとよいでしょう。

・学習者を取りこぼすことなく入ることができる入り口か。
・ゴールに向かって道はつながっているか，進んでいるか。
・論の飛躍がないか。
・情報の過不足はないか。特に，余計な情報は思考を混乱させることを念頭に置いて。

　また，出来上がってから1週間ほどしてから見直すことも必要です。完成当時は近すぎて見えなかった不備不足に気がつくことができます。第三者に見ていただくのも効果的です。

　出来上がった授業は単独で行ってもよいですが，教科書と組み合わせることで効果を発揮するものもあります。

　教科書教材の多くは，価値項目を焦点化させようとするあまり，価値から少しでもはずれる要素は省かれています。それがかえって中身を薄っぺらくし，現実味のない話になっているのだと私は考えています。自作教材を組み合わせるだけで，一味違ったわくわくする授業に変身させることが可能です。

　例えば「いのちのつかいかた」（pp.105〜109）は，「お母さんの請求書」（「ブラッドレーの請求書」としているところもありますが，全教科書に掲載。学年は３，４年生）と組み合わせることができます。労働をお金で測ろうとしただいすけと，子どものために惜しみなく時間（命）を使うお母さんの思いの深さの違いを考えさせることができます。

　本書では低学年教材を扱いませんでしたが，「いのちのつかいかた」は「おかあさんのぼうし」（光村図書・１年）をはじめ，母親の愛情を扱った教材のほとんどとうまく組み合わさるのではないかと思います。

　また，「命のアサガオ」（光村図書・６年）と「クイール」（pp.124〜135）を組み合わせれば，いかに生きるかが大事だということと，「人生別離足る」ということを効果的に伝えられると思います。「エルフィー」（pp.95〜98）は「ハムスターの赤ちゃん」（光村・１年）と組み合わせることが可能ですし，「自分との約束」（pp.32〜37）は，「終わりなきちょうせん　iPS細胞の向こうに」（日本文教出版・６年）と組み合わせることによって女性と男性両方の素敵な生き方，自分らしい生き方を類似したり対比したりしながら学習することが可能です。

　このように考えると，自主教材開発は授業づくりの腕を磨くだけではなく，日々の授業実践の幅を広げる可能性を秘めた営みであるといえるのではないでしょうか。

参考文献・資料

【1章】

- E.H. エリクソン著，仁科弥生訳『幼児期と社会(1)』みすず書房，1977年
- E.H. エリクソン著，仁科弥生訳『幼児期と社会(2)』みすず書房，1980年
- 厚生労働省　生活習慣病予防のための健康情報サイト「思春期のこころの発達と問題行動の理解」https://www.e-healthnet.mhlw.go.jp/information/heart/k-03-002.html
- 上田薫『上田薫著作集6　道徳教育論』黎明書房，1993年
- 吉岡正幸『子どもと道徳』以文社，1971年

▶ジョリー（pp.18〜26）

- 公共財団法人日本獣医学会　https://jsvetsci.jp/index.php
- 赤座憲久作，石倉欣二絵『盲導犬になれなかったジョリー』新日本出版社，1992年
- 沢田俊子文，佐藤やゑ子絵『盲導犬不合格物語』講談社青い鳥文庫，2013年
- 藤崎順子『盲導犬になれなかったスキッパー』文藝春秋，2010年
- アイメイト協会監修，こどもくらぶ編著『盲導犬　社会でかつやくするイヌたち』鈴木出版，2002年
- 日本補助犬協会監修『盲導犬・聴導犬　安全をいつも確認する犬たち（はたらく犬第1巻）』学習研究社，2004年

【2章】

▶自分との約束（pp.32〜37）

- 笹本恒子『きらめいて生きる明治の女性たち　笹本恒子写真集』清流出版，1996年
- 「『学びも，仕事も，年齢は関係ないでしょう？』101歳の報道写真家・笹本恒子さんの生きかた」HUFFPOST，2016年1月4日　https://www.

huffingtonpost.jp/2016/01/03/tsuneko-sasamoto2_n_8908710.html

- 笹本恒子『100歳の幸福論。』講談社，2014年
- 笹本恒子『恒子の昭和』小学館，2012年
- 笹本恒子『好奇心ガール，いま101歳』小学館，2015年

▶自分の顔が好きですか（pp.38〜41）

- 山口真美『自分の顔が好きですか？』岩波ジュニア新書，2016年
- ドイツの市場調査機関 GfK「Satisfaction with looks」（外見に対する満足度調査）
- 「『ダヴによる少女たちの美と自己肯定感に関する世界調査レポート』について」ユニリーバ・ジャパン，2018年2月26日　https://www.unilever.co.jp/news/press-releases/2018/Dove-CP-Real-Beauty-ID.html
- 「ダヴ　リアルビューティーID『本当の美しさを閉じこめないで』」ユニリーバ・ジャパン　https://www.dove.com/jp/stories/campaigns/real-beauty-id.html

▶わたし，傷ついているんですけど（pp.42〜46）

- 文部科学省「子どもの発達段階ごとの特徴と重視すべき課題」「子どもの徳育に関する懇談会『審議の概要』」http://www.mext.go.jp/b_menu/shingi/chousa/shotou/053/shiryo/attach/1282789.htm

▶なかよしということ（pp.47〜51）

- 宇野弘恵『小四教育技術』小学館，2016年10月
- 宇野弘恵『タイプ別でよくわかる！　高学年女子　困った時の指導法60』明治図書，2018年

▶マリ（pp.52〜58）

- ひろはたえりこ文，桑原眞二・大野一興原作『マリと子犬の物語』汐文社，2007年
- 桑原眞二・大野一興著，ikko 絵『山古志村のマリと三匹の子犬』文藝春秋，

2005年

- 国土交通省気象庁「強震観測データ（平成16年新潟県中越地震）」 https://www.data.jma.go.jp/svd/eqev/data/kyoshin/jishin/041023_niigata/nigata_main.htm

- 新潟地方気象台「新潟県の地震（津波）災害」 http://www.jma-net.go.jp/niigata/menu/bousai/seis_disaster.shtml

▶誰が一番おかしいの？（pp.59〜63）

-「ジョイネット　女性医師とつくる！ワークライフ応援ガイド」 https://www.joystyle.net/

- TBS「サンデージャポン」2018年8月5日放送

【3章】

▶花さき山（pp.76〜80，88〜93）

- 斎藤隆介作，滝平二郎絵『花さき山』岩崎書店，1969年

-『花さき山』（教科書）日本文教出版，2018年

- 沖森卓也，中村幸弘編『ベネッセ　表現読解国語辞典』ベネッセコーポレーション，2003年

▶そんなつもりじゃなかったのに（pp.81〜86）

- 和田秀樹『「いい人」をやめる9つの習慣』大和書房，2016年

- 加藤諦三『自分に気づく心理学』PHP研究所，2006年

- クリストフ・アンドレ，フランソワ・ルロール著，高野優訳『自己評価の心理学』紀伊国屋書店，2000年

▶エルフィー（pp.95〜98）

- ハンス・ウィルヘルム絵・文，久山太市訳『ずーっと　ずっと　だいすきだよ』評論社，1988年

- 本川達雄『ゾウの時間　ネズミの時間』中公新書，1992年

- 江口有香，藤田雅『MEDITATION』Music Masters，2014年

▶おふくろの味（pp.99〜103）

- 「おふくろの味ランキング，気になる第1位はやっぱりあの料理…？」「えん食べ」2012年10月　https://entabe.jp/news/article/937

- 「おふくろの味，我が家の味──といえばどんな料理？」「ITmedia　ビジネスオンライン」2011年9月6日　https://www.itmedia.co.jp/makoto/articles/1109/06/news053.html

- 「社会人に聞いた、あなたの『おふくろ』の味ってなに？　人気は『味噌汁』『ポテサラ』『カレー』」「Amebaニュース（マイナビ学生の窓口）」2015年4月26日　https://news.ameba.jp/entry/20150426-401

- 「おふくろの味BEST10」　http://ofukuro10.com/

- 「なくなった母の味にこんなところで出会えるとは」2018年2月20日　https://extasyscript.net/6516.html

▶いのちのつかいかた（pp.105〜109）

- アリスン・マギー文，ピーター・レイノルズ絵，なかがわちひろ訳『ちいさなあなたへ』主婦の友社，2008年

- 日野原重明『いのちの使いかた』小学館，2012年

- 日野原重明文，村上康成絵『いのちのおはなし』講談社，2007年

- 日野原重明詩・文，いわさきちひろ絵『いのちのバトン』ダイヤモンド社，2008年

- 日野原重明『十歳のきみへ　九十五歳のわたしから』冨山房インターナショナル，2006年

▶漂流郵便局（pp.110〜116）

- 久保田沙耶『漂流郵便局』小学館，2015年

- 『千と千尋の神隠し　サウンドトラック』徳間ジャパンコミュニケーションズ，2001年

【4章】

- 鈴木敏恵『プロジェクト学習の基本と手法』教育出版，2012年
- 桃﨑剛寿『中学校道徳授業成功の極意』明治図書，2016年
- 公益財団法人上廣倫理財団企画『道徳科Ｑ＆Ａハンドブック』日本教育新聞社，2018年
- 永田繁雄監修『平成29年版学習指導要領改訂のポイント　小学校・中学校　特別の教科道徳』明治図書，2017年

▶クイール（pp.124～135）

- 公益社団法人日本獣医師会「犬と猫の習性について」　http://nichiju.lin.gr.jp/small/breed/03.html
- 沖森卓也・中村幸弘編『ベネッセ表現読解国語辞典』ベネッセコーポレーション，2003年
- こわせたまみ文，秋元良平写真『クイールはもうどう犬になった』ひさかたチャイルド，1992年
- 秋元良平写真，石黒謙吾文『盲導犬クイールの一生』文藝春秋，2015年
- 『「クイール」オリジナルサウンドトラック』日本クラウン，2004年

あとがき

　2018年2月6日22時7分。堀裕嗣先生と大野睦仁先生，山下幸先生と私の4人で，Facebook のグループチャットでやりとりが始まりました。数日前に旭川で行われた道徳研究会での「成果と課題」が話題。登壇者の授業のレベルが高くなっていること，とりわけ，授業構成がしっかりしてきたこと，個性的な視点で材を選んでいること，授業の加工技術が洗練されてきていることなどの成果について話し，私たちは興奮していました。「ああ，もう完全に道徳スイッチ ON になっているよね」なんてことも言っていました。

　数年前より，道内で堀先生企画の道徳授業づくり研究会が行われるようになりました。堀，大野，山下，宇野のほかにも50名ほどいる実践家が入れ替わり立ち替わり登壇します。研究組織ではないので，会の方針とか決まった方法論とかがあるわけではありません。事前に検討し練られたものが「発表」されることもありません。それぞれ自分で見つけた材を自分で開発し授業をつくる，それを参加者含めた全員で検討するのが研究会のスタイルです。研究会のプログラム自体が「道徳授業づくり」を俯瞰できるつくりになっているため，意識が授業の成功や失敗には向きません。この授業はなぜ伝わったのか，なぜ機能しなかったのかという根本の分析，検討に思考が向くのです。

　こうした場に多く出させていただくことで，自ずと私の「道徳授業観」が形成され，磨かれていきました。私にはない感性，私にはない問題意識，私にはない構成センス，私にはない……，と多くの仲間から多種多様な刺激を受けました。それらを媒体として，新たなアイディアが生まれたり，授業づくりの構想ができたりしました。また，「私にはない」と考えることは，「じゃあ，私には何があるの？」を考えることと同じです。この問いは，思考を外ではなく自分の内側に向けさせました。他者より良い授業をつくろう，他者から称賛されたい，認められたいといった他者から得られる満足ではなく，次はもっと，次はここを！という自分自身の満足へと向かわせました。それ

が自分自身を見つめることを加速させ，結果として，自分らしい教材開発，オリジナル道徳授業づくりへとつながっていったのだと思います。

　2018年1月20日，札幌で行われた研究会「教材の卵」。堀，大野，山下，宇野の4名が，ずっと温めてきた教材の卵を，その魅力，理由などとともに提示するという試みでした。他者が何を集め，どんな意味や価値を見出し，どんなこだわりをもって卵として温めているかを知ることは大きな刺激となりました。また，自分自身がそれを整理することで，卵との距離があまりにも近すぎて孵化させられなかったこともわかりました。教材開発には，教材への熱い思いと冷静なまなざしの両方が大切であることを学びました。

　また，上記のチャット中に生まれた「道徳4×4」（4人が4項目について授業をつくる）の研究会も，2018年度は3回行われました。1日の研究会で一人4本も授業を行うのですから，なかなかハードな企画であることはお察しいただけると思います。初回5月12日は，いつまでも授業が出来上がらず，悩みながら当日を迎えました。ところがこの会を終えると，授業づくりのコツが見えたように感じたのです。回数を重ねることの意義，量をつくることが質を上げるということを実感した研究会でした。

　こうして振り返ると，私の力量形成のそばには，場と仲間があることがわかります。仲間たちが集う場を設定し登壇の機会を与えてくださった堀先生，私の授業を真剣に受け，率直かつ真摯な意見をくださる研究仲間たちに心からお礼申し上げます。また，仲間たちのおかげで生まれた実践を世に出せるのは，編集の及川誠さん・西浦実夏さんのおかげです。ありがとうございます。いただいたたくさんのご恩は，今後さらに自主開発教材を発信していくことでお返ししたいと思います。

　関わってくださったすべての方に感謝をこめて。

2019年3月3日
桃花色に微笑む雛人形を眺めながら　　　　　　　　　　　　宇野　弘恵

【著者紹介】

宇野　弘恵（うの　ひろえ）

1969年，北海道生まれ。旭川市内小学校教諭。2002年より教育研修サークル・北の教育文化フェスティバル会員となり，思想信条にとらわれず，今日的課題や現場に必要なこと，教師人生を豊かにすることを学んできた。現在，理事を務める。

【著書】

『スペシャリスト直伝！　小１担任の指導の極意』『タイプ別でよくわかる！　高学年女子　困った時の指導法60』（単著，明治図書），『小学校低学年　学級経営すきまスキル70』『小学校低学年　生活指導すきまスキル72』（編著，明治図書），『学級を最高のチームにする！365日の集団づくり　２年』（共著，明治図書），『女性教師だからこその教育がある！』（共著，学事出版），『１年間まるっとおまかせ！　小１担任のための学級経営大辞典』（分担執筆，明治図書）ほか多数。

〔本文イラスト〕木村美穂

道徳授業改革シリーズ

宇野弘恵の道徳授業づくり
生き方を考える！心に響く道徳授業

2019年８月初版第１刷刊	©著　者	宇　　野　　弘　　恵
	発行者	藤　　原　　光　　政
	発行所	明治図書出版株式会社

http://www.meijitosho.co.jp
（企画）及川　誠（校正）西浦実夏
〒114-0023　東京都北区滝野川7-46-1
振替00160-5-151318　電話03(5907)6703
ご注文窓口　電話03(5907)6668

＊検印省略	組版所 中　央　美　版

本書の無断コピーは，著作権・出版権にふれます。ご注意ください。

Printed in Japan　　　　　ISBN978-4-18-298519-5
JASRAC 出 1905383-901
もれなくクーポンがもらえる！読者アンケートはこちらから
→